푸나무
이야기

도창교 에세이

푸나무 이야기

바른북스

PROLOGUE

2024년 4월 봄의 기운이 나를 유혹하더니, 뭐 해 그냥 있을 거야! 너 또 후회한다, 뭐라도 해야지 너답지 않게! 동시에 버나드 쇼의 묘비에 적힌 '우물쭈물하다가 내 이럴 줄 알았다.'라는 문구가 떠오르고 철없던 청년기의 패턴이 재발할까 봐 복잡해지기 시작했다. "나태해지면 건강까지 더 나빠질 텐데." 중얼거리며 3월 말에 심은 정원 아래 문그로우 나무를 다듬고 있다.

이 녀석은 꽤나 잘생기고 늘씬하고 사계절 푸르름을 줘서 사람들이 한마디씩 말할 정도이다. 담 밑에 15그루랑 대문에서 올라오는 사이드에 있는 18그루가 집을 한층 더 디자인업 했다는 평가를 내린다.

"인생은 살아온 만큼 사연이 쌓이고 할 말이 있기 마련이다."

미국의 작가 겸 시인인 마야 안젤루는 "인생은 숨을 쉰 횟수가 아니라 숨 막힐 정도로 벅찬 순간을 얼마나 많이 가졌는가로 평가된다."라고 말했다. '나에게 숨 막힐 정도의 벅찬 일들은 얼마나 될까. 그렇게 노력은 하고 있었는가?' 자문하면서 정리하는 도전하는 용기를 가져본다.

8-9년이 지나도 회사 경영 상태는 진전도 없고 자금과 인력의 굴레서 벗어나지 못한 채, 대표가 노력한 만큼만 성과로 이어지다 보니 연

구개발보다는 매출에 치중할 수밖에 없었다. 차량 주행 미터기에 찍힌 연 70,000km 이상의 전국 출장에 지쳐 있을 즈음, 중소기업연수원의 "C.E.O.아카데미 사장학"이란 프로그램이 주말반으로 운영된다는 정보를 입수하여 교육을 받게 되었는데 여기서 실전 경영에 대한 전문강사(대기업 **임원, 사장, 고위공직자, 대학교수 등**)와 인문학, 예능 전문가의 16주 강의를 받고 충전과 용기를 얻었던 기억이 있다. 그 후 2년마다 인문학 위주로 강의를 들었는데 사장학, 실전 경영, 감성 문예, 아버지 요리대학 등 생활에 충전의 활력소가 되고 있다.

1997년에 사업을 시작하면서 낮에는 영업에 전념하고 야간에는 용접기술을 위해 인천폴리텍대학 용접기능장 과정, 설계를 배우려고 경기공전 기계설계과 입학 등 기술력에 비중을 뒀다면 2006년 후부터는 경영과 감성 위주로 배움에 투자한 것이 많은 도움이 됐다. 숨 막히게 달려왔건만 살기 위해 하는 일에만 몰입해도 뒤끝은 개운하지가 않고 미래에 대한 자신만으로 조금은 지쳐 있을 때였다. 코로나 팬데믹 이후 뭔가 거리를 찾고 있던 중 우연히 "자기 역사 쓰기"가 눈에 들어와서 '내가 그런 것 쓸 자격이 되나?' '어떤 분들이 주로 올까?' '그래 뭐든 내게 좋은 인연이 될 거고 색다른 경험도 되겠다.'라는 생각이 들었다. 그리고 언젠가 경영에서 물러나면 혹시 재능기부 하듯 강의라도 맡는다면 일석이조라는 결론을 내렸다.

문득 2013년에 편집하다 중단된 책 《공감》이란 모음글이 생각났다. 2012년 독일산업박람회에 갔다가 호텔 앞 공원에서 산책을 하던 중 공원에 우체통 같은 것이 세워져 있어 유심히 보았더니 현지인들이 대부분 애완견과 함께 나오기 때문에 변을 받는 봉투와 받은 변 봉지를 모아두는 통으로 시에서 관리한다는 말을 듣고 '주민을 위한 앞선 행정의 이런 모습이 역시 선진국이구나.'라고 생각했다. 그래 저것도 좋은 아이디어다. 애견 변통은 내가 잘 만들 수 있겠는데 국내에서도 실행해 보면 어떨까? 저걸 사업으로 해도 괜찮을 텐데? 친구나 지인께 사업거리를 주고 나는 제작만 하면 어떨까, 잔머리를 굴리면서 여직원과 함께 우리나라에서 공원에 애견 변통이 있는 데가 있을까? 인터넷이랑 여기저기 수소문 끝에 서초구에서 시범으로 몇 군데 한다는 말을 듣고는 '한발 늦었구나. 어쩔 수 없지, 뭐.' 단념을 했다. 어쨌거나 속히 전국적으로 설치되어 깨끗한 공원에서 같이 즐기는 아름다운 공간이 되기를 바랐다.

'공원에 애견 변통 설치 바람.'이란 내 글과 각종 신문칼럼의 감동글 좋은 문구, 가끔씩 써본 에세이와 시 등을 모아서 《공감》이란 책으로 엮어 영업 활동에도 사용하고 같이 공감하는 마음도 나누고 싶었는데 마무리를 못 한 채 사무실 서랍 어디에 멈춰져 있다. 이번 기회에 꺼내어 볼 수 있을 것 같다. 그때와 지금의 공감 내용을 한두 제목 골라 끼워 넣기라도 할까 싶다. 나는 체계적으로 글을 쓰지 못한다. 하지만 나에 대해 기록을 한다는 것이 중요하다. 인생이 꼭 무엇인가를 증명해야만 하는 것도 아닌데 의미도 없고 뚜렷한 목표도 없음에도 회귀처럼 무한히 반복되는 결말도 없이 그 자체로서의 삶도 무의미하지는 않다고 본다.

"지금은 자기 역사를 써야 할 시간"이라고 그것이 시대적 요구이며 건강한 삶 즉 육체적, 정신적으로 탁월한 효과가 있다는 것을 연구하고 알리는 데 몰두하고 계시는 김호영 교수(국내 최초, 최고 전문가)의 가르침으로 시작하게 되어 더없이 기쁘다. "특별한 줄거리도 없이 두서없이 떠오르는 여러 가지 생각을 고스란히 서술하는 기법"을 영국의 작가 버지니아 울프 기법이라고 들었다. 나의 이야기는 여기에 어울린다.

　나란 인간을 알기 위해서 내 인생은 무엇인가! 두루두루 생각을 해보는 것, 해봤자 소용없는 것을 그럼에도 생각해 보는 것, 이것이 내 역사 쓰기의 시작이라고 본다. 완전히 과거의 기록만 쓰는 것보다 그래도 어떤 팩트가 있는 경험에서 얻을 수 있는 알맹이를 건져내어 미래와 연결해서 도움이 되는 책을 써야겠다고 결론을 내렸다. 끝내 책에 쓰지 못한 꺼낼 수 없는 이야기는 차후에 아름다운 이야기로 돌아올 수 있지 않을까. 그래도 조금은 진실해지려고 노력했다. 그리고 얻은 것이 많은 M.H.W. "내 역사 쓰기"이다.

　우리 첫째 아이가 두 번째 이쁜 아가를 하나님께 선물받았고, 고향 선산의 부모님 산소에 벌초를 하는 것도, 형제들이 나이가 듦에 쉽지 않았는데 국가유공자로서 국립묘지에 안치하게 됨도, 호적등본을 떼고 M.H.W. 준비 중에 생각하게 되었다.

　마음만 있지 행동으로 옮기지 못한 신앙 생활도 실천할 것 같다. 무엇보다 가슴속에 응어리진 어떤 것을 하나씩 꺼냄으로 마음이 편해짐이 큰 소득이기도 하다. 자신을 향한 끝없는 물음에서 행복도 찾아오리라 믿는다.

　초보 작가로 받아줘서 하나부터 열까지 일일이 손수 가르쳐 주신 지도교수 김호영 박사, 함께해 준 안산 1기(강, 한, 이, 배, 김, 이, 장, 이) 작가분들께 감사드린다.

2025년 선재도에서 별, 풀과 나무를 벗 삼으며

도창교

목차

PROLOGUE

1부 푸나무처럼

살구꽃 핀 마을	16
할미꽃 울 엄마	19
헤어리베치	24
밥벌이 시작	30
푸나무 새싹	33
어린양의 집	37
푸나무 장학금	39
새싹의 반전	41
대충은 없다 공짜도 없다	49
선재도에 오면	51
목욕탕에서 일어난 일	54
갈매기와 까치	58

2부 치열한 삶이 희망이고 꽃이지

치열한 삶이 희망이다	64
갈등과 선택	68
물처럼 자유롭게 물처럼 강하게	75
배신자와 악어 이빨	83
5분 후 출발	91
사업을 시작하다	95
첫 번째 위기	99
아브라카다브라(Abracadabra)	105
임대공장에서 자가공장으로	107
열정은 불황을 무릎 꿇게 한다	112
주경야독	118
믿는 발에 도끼질	126

3부 벅찬 순간들

전원주택에 살면서	134
NO ENTRY	141
아지트(Agit)	148
냄비 사랑	150
꿩 대신 닭	152
닭대가리!	157
촌놈의 도시 생활	160
그래도 2만 불, OECD 국민인데	170
올라갈 때 보이지 않았던 그 꽃	172
이기자부대	176
J를 만나다	180
똥손과 김 병장	186
돌고 돌아	190
고됨 뒤의 휴식	192

4부 아름다운 인연

자식과 손주의 차이	198
한여름 밤의 사랑	203
다혈질과 로또	206
아닌 밤중에 홍두깨	210
그 자리에 앉으면	216
맏형의 자리	219
2024년 여름의 힘	225
고사모	228
아름다운 인연	232
소중한 인연과 청도반시	238
그대 태어남의 숭고함	242

EPILOGUE

추억은 가슴으로
기억은 머리라고 했던가.
늙어가면서 숨겨둔 기억을 꺼내보는 것이
이른 새벽에 외투를 껴입는 것처럼
그래서 더 따사로움을 느낀다.

1부

푸나무처럼

*푸나무 : 풀과 나무의 합성어

살구꽃 핀 마을

살구꽃 핀 마을은 어디나 고향 같다.
만나는 사람마다 등이라도 치고 지고.
뉘 집을 들어서면 반겨 아니 맞으리.

바람 없는 밤을 꽃 그늘에 달이 오면,
술 익는 초당(草堂)마다 정이 더욱 익으리니,
나그네 저무는 날에도 마음 아니 바빠라.

  내 고향 청도 출신 시조 시인 이호우의 〈살구꽃 핀 마을〉은 반시감과 복숭아로 유명하지만 어릴 적에는 사과와 살구나무가 많기도 한 태백산 줄기의 천이 어우러진 아름다운 산골로 새마을운동 발상지이기도 하다.

초등학교 3학년 때 할아버지께서 돌아가셨다. 없는 살림살이를 일으키느라 새벽부터 해 질 때까지 지게를 지고 일밖에 모르는 아버지는 외동아들로(3남 3녀 중 셋째) 사셨지만 위로 두 분의 형님이 계셨는데 결혼 후 일찍 별세하는 바람에 졸지에 장남으로서 살게 되었다. 숙모님들은 모두 떠나시고 어디서 어떻게 되셨는지 궁금하지만 아픈 곳을 찌르는 것 같아서 그냥 모른체하며 지내고 있다. 여동생(고모님) 세 분과 부모님 그리고 이모까지 부양하느라 오로지 농사일만 하시다가 6.25 참전으로 징집되어 숱한 고비 끝에 살아서 오셨지만 평양 근처 전투에서 "후퇴 도중에 우리 국군이 많이 희생되고 피신하는 과정에서 피 묻은 시체를 자기 몸 위에 얹어 위장해서 위기를 모면한 장면" 등을 이야기하시며 그 당시 처참한 전쟁의 상황이 떠오르는지 뉴스에 6.25나 북한의 상황 등이 나오면 눈시울 적시던 모습은 지금도 선하게 떠오른다. 그래서 그런지 몰라도 국가의 정체성에 대해 걱정하고 공산당의 실체를 똑바로 알고 있어야 한다는 것을 어릴 적부터 알려줬다.

1974년 추억이 된 고향의 관하초등학교 조회 모습

할아버지는 돌아가시기 전까지 세 손자를 불러 공부를 가르쳐 줬는데 나는 주판과 셈을 할 때면 칭찬을 많이 받고 사탕과 1환을 자주 받아 좋아서 자랑하고 까불다 보니 형님들께는 미운 존재였다.

1970년 초 경상도 산골 마을에도 새마을운동(발상지임)과 마을 부역, 산지 개간, 특산물 재배, 한우 키우기 등으로 삶이 나아지고 일부는 도시로 가서 돈을 벌기 위해서 근처 대구, 부산 등으로 이사를 가는 집도 있고 교육열이 높아지면서 자식들 1명 정도는 도회지로 보내서 공부시키면 부모의 고생을 답습하지 않을 거라는 기대에 동, 면, 군 전체로 경쟁을 하다시피 번지게 되었다. 그 시절 전교 학생회장으로 선출되어 매주 월요일에는 전교생 조회 때 앞에 나가 지휘를 하는 나름 좀 잘나가는 학생이었다. 담임 선생님이 이 학생은 유학을 보내서 육군사관학교에 보내야 한다는 조언도 한몫을 해서 6학년 2학기 때 갑자기 부산으로 전학을 가게 되었다.

시골에서 육상부 시절 맨발로 곰티재까지 다녀오는 왕복 5km 코스의 훈련을 할 때 간혹 버스가 지나갈 때면 체육 선생님께서 하시던 말씀이 있다. "어디 가는 버스요. 일본 가는 사리마다랑께." 이 말뜻도 모르고 그저 친구와 같이 웃고 천진난만하기만 했던 그 학생은 부산에 가면 기차도 타고 바다도 보고 배도 볼 수 있고 큰 집에서 맛난 거 먹으며 공부할 수 있다고 생각했던 것 같다. 그래서 아버지 손을 잡고 설레는 마음 반 두려움 반 이끌려 가게 되었다. 도시도 나름이고 시골도 나름이듯이 내가 간 곳은 수정동 판잣집에서 이주된 이주민들의 집성촌 스레트 집으로 다닥다닥 붙어서 획일화된 방 2개의 반송동이었다.

할미꽃 울 엄마

 어머니는 내가 군에 가고 1년 8개월쯤 50의 나이에 하늘나라에 가셨다. 마침 "팀스피릿 훈련" 기간이라(한미 공동 군사훈련이고 훈련 때는 상중인데도 허락이 안 되었음) 임종도 장례식도 참석 못 하고 삼우제가 지난 뒤에야 중대 본부에서 연락과 면회를 받아 나왔다.
 강원도 화천에서 고향까지 버스와 열차를 타고 가는 10시간은 눈물과 회한으로 가득 차 창가에 펼쳐진 새봄의 형태도 보지 못하고 그저 의자에 몸을 의지한 채 지난날 내 어머니의 모습만이 머릿속에 떠올라 내내 훌쩍거렸던 슬픈 시간이었다. 빡빡머리 일등병이 모자를 눌러쓰고 눈물을 삼키며 울며 졸며 고향에 도착해 두 형님과 함께 선산 9부 능선에 있는 산소에 가서 난생처음 서러운 소리로 목 놓아 울고 또 울었다. 6학년 1학기까지 함께한 어머니를 9년 만에 영영 못 보는 처지에 놓인 환경도 그렇고, 공부하라고 보낸 도시 생활의 방랑한 생활의 회한까지 겹치면서 눈물과 콧물이 쏟아지도록 울었다. 마냥 그 자리에 계실 줄만 알고 내 아픔만 아픔이고 불평투성이 막내아들은 이제야 헤어짐에 대해 조금은 알아차리게 된다.

6남매의 장녀로 읍내에서 시집와서는 일보다는 글만 아는 시아버지의 잔소리와 3명의 고모와 피붙이 이모까지, 없는 살림에 엄청 고된 생활이었음을 내가 20대에 이모한테 들었다. 4학년 때 숙제(산수)를 못 풀어 조르는 나를 설득해 옆집 7촌 아재(읍내 중학생)에게 조심조심 부탁하며 연신 미안해하고 본인이 몰라서 못 해줘서 애탄 모습을 또렷이 기억한다.

유년기의 나는 개구쟁이 기질과 운동(달리기, 핸드볼, 배구, 멀리뛰기 등)을 꽤 잘했다. 초등학교 대표선수로, 면 대표, 군 대회에서 입상하여 군 대표로 경북체전에도 나갔으니! 참고로 이종경 교수(경기대학, 배구 국가대표, SBS 해설)의 몇 년 선배이기도 하다.

산골의 저녁노을이 걸쳐올 때쯤에 아낙네들이 저녁 준비와 다음 날 끼니를 다듬기 위해 마을 대형 공동 우물가(두레질 우물, 10m 깊이, 원둘레 3m 정도)에서 채소랑 국거리 등을 다듬고 있을 때, 한 살 많은 윤수랑 놀다가 거꾸로 빠져버렸는데 엄마는 윤수 엄마의 도움으로인지 어떤 괴력의 힘을 얻었는지 곧바로 뛰어들어 나를 건져 살린 것은 모성애가 아니면 되었겠는가?

그런데 거꾸로 빠진 아이가 어떻게 위로 올라온 건지 지금 생각해도 아리송한데 이야기를 듣고 싶어도 들을 수가 없다. 그때 같이 놀던 윤수는 부산 서면에서 꽤 잘나가는 식당을 하다가 오래전 두 딸을 두고 세상을 떠났는데 명절 전에 볼 때만 해도 건강해 보였기에 건강관리에 대한 경각심을 갖게 되었다. 5, 6세 때까지 언어 구사가 늦어서 애가 타신 엄마는 계획적으로 9살에 입학을 시켰다고 한다(내 친구들보다 1-2살이 많다).

고향마을 앞엔 30-40m 높이의 큰 정자나무가 냇가를 끼고 자리하고 있는데 여름에는 동네 분들이 모두 나와서 쉬고 정담을 나누고 어떤 분은 싸릿대 바구니랑 빗자루, 다른 분은 나무지게를 만들고 때론 잠자리채를 손수 만들어 주기도 했다. 우리 또래 아이들은 냇가에서 발가벗고 물장구치며 놀기도 하고 잠자리 잡기, 밤돌 줍기 등을 주로 했는데 냇가에서 빗자루로 먼저 암컷을 생포해서 나뭇가지에 실로 묶어 팔을 휘저으며 "오다리 오다리." 하면서 수컷들을 유인해 붙으면 채 나 손으로 잡아서 손마디 마디에 끼워서 친구들과 여학생들에게도 주고 남은 것은 꼬리에 가느다란 자연 꽃등을 달아 날려보내는 짓궂은 장난도 했다. 여름 더위를 식히기 위한 최적의 장소였고 온 동네 소식을 접하는 아름답고 정다운 마을 사람들의 아지트이기도 하다. 그런데 중년, 젊은 아낙네들은 남정네들로 인해 집에 있거나 감나무 아래서 더위를 피했던 걸 보면 여자라서 주어진 자연환경마저 맘껏 누리지 못한 것 같다. 집안의 감나무 그늘 아래에서 부채질로 또래분들과 잠깐 담소하며 보내다가 곧바로 누에 밥을 주러 가는 뽕잎 아줌마, 우리 엄마 모습이 힘들어 보였다. 쉬는 곳도 남녀칠세부동석인지, 요즘에는 상상도 안 될 풍경이다. 마을 수호신 나무가 그 당시 100살 어쩌고 했으니 그 후 30-40년 넘게 함께한 마을 고목은 현대화의 시멘트와 인구감소로 사라졌지만 내 맘속에 영원히 자리하고 있는 그리움의 고향 풍경이다(연속극 〈이상한 변호사 우영우〉에 나오는 그런 나무임).

초여름 살구가 익어갈 때 어른들과 형들은 모두 논밭에 일하러 가고 어린 우리는 몇몇이 모여 동네에 맛 좋은 살구 서리를 한다. 주인인 윤배도 같이 주렁주렁 달린 살구를 보면 군침이 돌고 윤배 엄마가 오기 전에 빨리 따야 하기에 나무가 있는 집 앞마당으로 가서 마당에 박혀 있는 돌멩이를 발로 차서 빼고, 집어서 던지기 시작하면, 어쩌다 맞으면 떨어지는 것을 얼른 주워서 먹는데 높이가 10-20m는 되기 때문에 그 방법이 그때는 쉽고 빠른 방법이었다.

그날은 여느 때와 같이 살구 서리를 하다가 상대가 던진 돌에 정수리를 맞아 심하게 다쳐 피가 많이 났다. 내가 듣기론 그때 누군가가 부랴부랴 엄마께 연락하여 일하다가 혼비백산하여 맨발로 달려온 엄마께서 우선 된장독의 된장을 한 움큼 머리 위에 얹고는 윗마을 군의병 출신인 비의사에게 가서 소독하고 바늘로 꿰맨 적이 있다고 나중에 얘기 들은 게 전부였지만 그때 엄마의 심정은 어땠을까. 여동생 둘을 잃었었는데 아들마저 어찌 될까 봐 가슴이 벌렁거렸을 것이다. 어지간히 속 썩인 아들이다.

초여름 밤이 저물어 오면 일찍이 저녁상을 준비하고 막내 아들 손잡고 (여동생과는 9살 차이) 골목길에 나와 밭에서 산에서 일하고 돌아오는 남정네를 기다리는 아낙네였고, 가정밖에 모르는 따뜻한 여인이었다.

보따리 상인(옷, 그릇, 식품 등)이 왔다가 윗동네까지 돌고 내려올 때면 갈 데 없다고 집으로 초대해서 식사 대접과 안방에서 같이 재워줬던 정 많은 엄마는 "남한테 지고 살아라, 젊은 장모 만나면 더 좋을 텐데."라는 말을 마지막으로 너무도 일찍이 곁을 떠나 아쉽고 보고 싶은 채 그리움만 채워진다.

지금 생각해 보면 보따리 장사들을 반겨주고 끼니를 챙기고 재워주고 그분들은 또 성의를 표하며 서로를 배려하는 맘이 돈으로는 살 수 없는 정과 상술이었고, 인맥을 이어가는 지혜로운 한국의 여인이었다. 세계적으로 알려진 오사카 상인들보다 현명한 처세술이지 않았나 싶다.

헤어리베치

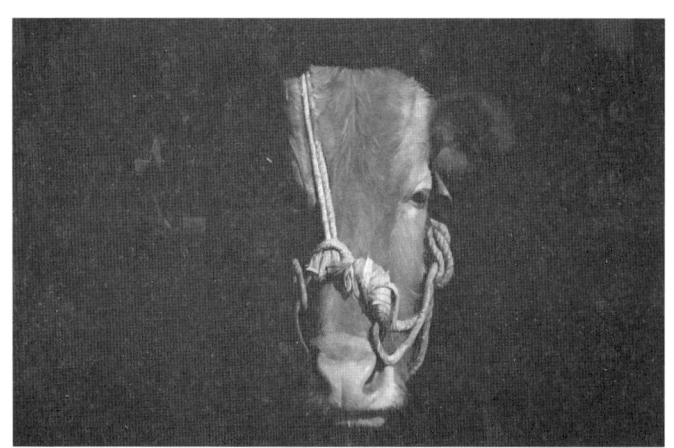

유난히 소를 아끼시던 아버지, 슬픔인지 그리움인지

헤어리베치는 녹비 작물로 모내기 직전에 갈아엎어 풋거름으로 사용된다. 꽃말은 "그대의 관대한 사랑". 자운영 꽃말과 같이 별로 큰 이

득도, 아무 소용도 없는 것처럼 사랑도 못 받으며 자라서는 자기 몸을 던져 새롭게 자라는 벼들의 밑거름이 되어 여러 사람들에게 건강과 재물을 가져다주는 희생의 작물이다.

일밖에 모르며 유난히 소를 좋아하시던 아버지는 헤어리베치 같은 사람이다.

어릴 때부터 "일하기 싫으면 밥도 먹지 말라."라고 하셨고 "남한테 손해 보는 사람이 돼라."라는 엄마 말씀은 나의 인생에 지침으로 자리했음이 두 분의 DNA의 힘이라 본다. 덕분에 우리 집은 시골에서 부잣집으로 변해갔고 마을에서 처음으로 큰 TV가 들어오고 대청마루가 모자라 마당에 큰 멍석을 깔아 온 동네 주민들과 함께 보기도 했고, 큰형님은 미니 레코드 전축을 사서 남진, 나훈아, 이미자 노래와 모르는 팝송까지 듣기도 했다.

나이 들어 초딩들 모임에 가면 왕자파스 48색을 들고 다니는 내가 부러웠다고 놀리기도 한다. 중학교 때 축농증 진단으로 대구로 수술하러 가던 중 때 묻은 옷과 시골 할아버지 모습이 싫고 창피해서 친구들과 딴 호실에서 놀다 동대구(대구역 종점)에서 내려 애태웠던 아들, 빡빡머리가 싫어서 이발하자는 곳에서 감나무로 올라가서 도망간 녀석을 웃으며 보시던 울 아버지, 대학 등록금 한다고 황소와 암소를 키우시던 분에게 못을 박고 실망시킨 아들. 뒷날 힘 없어지고 일찍 홀로되신 아버지를 운문댐으로 드라이브하고 동곡 온천탕에서 등을 밀어줄 때면 쑥스러워하면서도 기분 좋은 표정이 눈앞에 선하다.

두 형님의 며느리를 같은 면에서 아름아름 소개로 혹은 직접 선택하셨지만 결국엔 사랑도 못 받고 후회하던 모습에, 우체국에 근무하시던 외삼촌께서 맞선을 주문하셨지만 거절해도 나는 홀가분했다. 생각해 보면 나의 선택이 옳았는지 중매가 옳았는지는 나도 잘 모르겠다.

50 중반에 아내를 떠나보내고 60 후반에 협심증을 앓아서 혼자서 병원에 다닐 때도 이 아들은 정신을 못 차리다가 뒤늦게 직장을 얻어 한 우물을 파고 부지런히 열정적으로 일하고 나이 40에 사업을 시작하면서 겨우 아버지께 용돈도, 맛난 것도 대접하며 자식으로서의 경제적 구실까지 하기 시작했다.

어느 날, 출장 중에 예고도 없이 들른 저녁, 병원 복도에서 홀로 앉아 혹시나 하고 아들을 기다렸는지 아님 누구를 그리워했는지 몹시 반겨주었다. 한가한 병원 복도의 나무 의자에 둘이 앉아 대화를 하는 게 소중하고 행복한 삶인걸 그때는 몰랐다.

나는 평소에도 아버지에게 말을 많이 하는 편이라 부자지간의 어색함 같은 건 원래 없었다.

본인이 아프면서도 "괜찮다. 너나 잘 살아라. 세상은 만만치 않다. 그러나 열심히 일하면 잘 풀린다."라는 말을 많이 듣는데 그럴 때마다 내 걱정 말라고 하는 게 대화 내용의 결론이다. 이날은 기분이 좋은지 연신 웃는 모습으로 "지난번에 준 돈으로 간호하는 분들과 옆 병상 사람들에게 아이스케키 사서 같이 나눠 먹으며 아들 자랑을 했다."라고 했다. 2주 뒤(생신 때)에 와서 나와 목욕탕 가기로 약속하고 병원을 나섰는데 얼마나 외로울까 생각이 들었다. 일주일 후 오후 큰형님께서 갑자기 아버지가 돌아가셨다고 연락이 온 게 아닌가. 아니 지난주에 멀쩡하셨는데 심장병은 이렇게 무섭게 갑자기 서로를 갈라놓는 병인 걸. 나도 뒤늦게 치료하면서 알았다.

생신 일주일 전 나하고 한 약속도 못 기다리고 심장질환으로 혼자 쓸쓸히 작별을 고하셨다. 일찍 혼자가 되어 말년의 외로움이 얼마나 컸을까. 나도 남자고 아버지인데 새삼 그 나이가 되고 보니까 아버지가 더욱더 그립고 죄송함만 더해간다.

대학 졸업식 때 아버지

"74세로 하늘에 가신 "정배 정배 도정배 나무 정배 도정배(평생 일만 하신 아버지의 동네 분들 별명 칭호)" 사랑합니다. 당신의 헤어리베치 인생으로 인해 우리 4남매는 알찬 벼로 잘 자라서 각자의 분야에서 사회인으로서의 역할을 다하며 살고 있습니다."

철없이 자유분방하게 객지 생활하던 나는 군 입대(1981년 5월 3일) 전 3개월의 시간에 갑작스러운 어머니의 위암 수술 소식에 직접 간병을 하기로 했다. 군대 가기 전에 시간도 있고 여동생은 어리고(9살 터울) 무엇보다도 객지 생활에 염증을 느꼈고 엄마가 너무 그리워서였다. 대구의 한 준종합병원이었는데 수술을 마친 엄마는 그동안 못 드신 것인지 여윈 몸매에 핏기도 없고 나를 데리고 마을 일을 가시던 엄마라고는 보이지 않을 만큼 힘들었던 것 같다. 원래 살집도 별로 없었지만 엄마는 피골이 앙상했고 눈에는 초점도 흐리며 홀로된 망아지처럼 창밖의 먼 앞산만 주로 보고 있었고 "괜찮다."만 작은 소리로 뱉고 계셨다. 병원에서 둘만의 시간에 엄마를 업고 병원 안을 돌며 간호사분들과 얘기도 하고 내부의 모습을 구경도 시키고, 노래도 불러주고 식사 및 화장실 도움과 어릴 적 우리 집에서의 이야기로 시간은 금세 지나갔다. 때론 엄마 찌찌도 만져보고 목욕도 시켜드렸다.

9살 때까지 엄마 찌찌를 만지며 잠을 잤다고 들었는데, 그새 이렇게 강마른 체격에 웃음기 없는 우리 엄마가 되었다니 그때의 찌찌는 간데없고 꼭지만 보일 뿐, 한숨과 눈물이 나오고 이런 나를 괜찮다고 다독거려 주는 천사 같은 엄마는 병마에 시달리고 있었다.

하라는 공부는 안 하고 철없는 행동을 반성하며, 아픈 엄마와 짧은 100일의 시간이었지만 돌이켜 보면 멈췄으면 하는 행복 그 자체였다. 100일의 시간이 처음이고 마지막일 줄 알았더라면 아모르파티(운명애)라도 한번 했을 텐데(어떻게 지내시다가 돌아가셨는지 궁금하지만 형제간의 불화가 염려되어 가슴에 묻었다).

후에 첫 휴가를 나왔을 때 엄마가 그 병원 담당 수간호사가 시골집에 들러 놀다가 내 방에서 한 밤을 쉬고 갔다고 했는데 병원 생활 중에 엄마를 케어하면서 많은 대화와 시간을 가진 것이 인연의 시간이었기에 환자의 모습도 보고 또래 총각에게 관심도 쬐끔은 있어서 겸사겸사 시골집 풍경도 볼 겸 왔지 않았을까 싶기도 하다.

아름다운 추억의 한 장면이지만 그럴수록 엄마가 더 그립고 보고 싶어진다.

부모님이 함께한 사진은 이것 외에 찾지 못했다

밥벌이 시작

며칠 전 M.H.W.(My History Writing) 준비물로 대부도 동사무소에 들러 신청을 했다(호적, 초본, 생기, 성적표, 병적증명서 등). 마침 금요일이라 날씨도 좋고, 잘 가꾸어진 복지센터의 분위기에 갑자기 회사를 농땡이 칠까 하면서, 시선은 오래된 나무와 여러 동의 건물들 간판을 보면서 도시에서 느끼지 못하는 눈의 즐거움과 편안함에 큰 소나무 아래 의자로 내 궁둥이를 앉히고 있다.

한 달 전쯤 영흥면 사무소에 갔을 때도 같은 느낌이 들었는데 잘 단장된 정원과 연초록의 나무와 꽃들 특히 눈앞에 펼쳐진 펄 바다 풍경과 멋진 정원수로 꾸며진 카페들, 한 폭의 수채화 같은 아름다운 장소에 이끌려 눈 호강에 귀 호강, 거기다 입 호강까지다. "선생님, 안녕하세요." 하길래 고개를 돌리자 인사하면서 중년의 여성분이 "수학 선생님 아니냐."라고 물으며 눈이 마주치는 순간 서로 당황하면서 자기 중학교 선생님을 닮아서 착각하셨다고 했다. 내 얼굴이 흔한 타입이라 종종 이런 상황을 겪는다고 하고 미안하다는 사과를 받고 어디 사느냐, 선재도 대부도의 이곳저곳, 이분 저분 서로 알다 보니 금세 10분 이상 이야기로 웃고 연락처까지 받고 헤어졌다. 시골 오일장의 시끄러운 소리를 빼면 그 광경이다.

이웃집의 친척이고 마침 글 쓰는 일을 한다고 하니 오늘 이곳에 온 연유와 통하는 것 같아 혼자서 웃으며 차에 탔다. 운전 중에 0543 번호로 전화가 와서 고향 쪽이구나, 하고 받았는데 초등학교 생활기록부랑 성적표를 찾을 수 없다는 동산초등학교 선생님의 전화였다. "네, 도창교입니다."라고 하자 "어, 어 며칠 전에 전화하신 푸나무 후원자님이시죠?" 그랬다. 나는 남몰래 자부심으로 해오는 일이 하나 있다.

1989년 백수에서 벗어나 취업을 했는데 사무실이 서초동 교대 근처에 있었다. 인천 임학동에서 버스로 30분 1호선, 부평에서 신도림 2호선으로, 사당에서 3호선 교대역으로의 콩나물 같은 열차를 타고 왕복 4시간 이상 출퇴근을 해야 했다. 앉아보는 것을 기대하지만 거의 서서 오가는 샐러리맨들의 실태를 50-60년생들은 당연하게 여기며 가족의 부양과 자기 꿈을 찾아서 당연히 하는 일상생활로 받아들인다. 10년간 이런 출퇴근을 했는데 지금 다시 이렇게 하라고 하면 사표를 던지고 딴 곳으로 이력서를 내고 있든가 근처로 이사를 가지 않을까 싶다.

이때 주위에 거주지를 얻었다면 지금 수월하게 10억 원의 재산을 얻고 갈 수 있었는데 나와 아내의 거주지 개념은 어디서나 잠시 머무는 것 외에는 딴 개념이 없었다.

    어둑어둑 해질 무렵 집으로 가는 길에/ 빌딩사이 지는 노을 가슴을 짜-안하게 하네/ 광화문 사거리서 봉천동까지 전철 두 번 갈아타고/ 지친 하루 눈은 감고 귀는 반 뜨고 졸면서 집에 간다/ 아버지란 그 이름은 그 이름은 남자의 인생/ 그냥저냥 사는 것이 똑같은 하루하루/ 출근하고 퇴근하고 그리고 캔 맥주 한잔 홍대에서 버스 타고 쌍문동까지 서른 아홉 정거장/ 운 좋으면 앉아가고 아니면 서고 지쳐서 집에 간다/ 남편이란 그 이름은 그 이름은 남자의 인생 그 이름은 남자의 인생

나훈아의 〈남자의 인생〉은 어쩌면 보통 남자들이 느낄 수 있는 특히 우리 또래들의 애환을 잘 표현한 것 같아 주말농장에서 일하면서 "멜론"으로 크게 자주 듣는 애청곡이 돼버렸다.

푸나무 새싹

1989년, 직장 생활에서 점심시간은 5월에 피는 아카시아꽃 향기만큼 기다려지는 나만의 케렌시아(Querencia)이다. 온냉방이 잘 갖춰진 1층 은행에서 쉬기도 하는데 《샘터》라는 월간지를 보다가 부모 없이 자라는 아이와의 1:1 도움 주기를 보고 처음은 1만 원의 후원금을 시작했는데(월급이 44만 3,000원일 때) 그로 인한 내 즐거움이 커짐을 알게 되었고 보너스가 있는 달은 2만 원을 내곤 했다. 그러면 나와 맺어진 아이는 이쁜 옷도 사서 입었다고 사진과 감사의 편지에 소식도 전해줘서 기쁨은 배가 되곤 했다. 아이를 키워본 부모는 알겠지만 무럭무럭 커가는 모습의 사진을 남몰래 볼 때면 내가 낳은 아이는 아니지만 귀엽고 이쁘긴 매한가지이다.

이렇게 시작된 후원 습관이 사업을 시작하고는 회사의 문화로 정착시키는 게 좋다고 보고 1999년에 지인의 소개로 시흥에 있는 베다니

집을 선택해서 구정과 추석 또는 연말과 5월 중 두 번 이상을 직원들과 함께 옷, 신발 등 집에서 빈도가 낮은 것(아이들이 자라면서 못 입는 깨끗한 것)들을 깨끗이 씻고 포장하고, 회사의 비용으로 생필품도 구입해서 전달하러 갔다.

직원들의 불만을 감안해서 반드시 근무 시간에 같이 가는 걸 원칙으로 했다. 사전 연락하고 갈 때마다 상세히 안내해 주는 실장님의 친절과 손수 하고 계시는 봉사에 탄식이 절로 나왔다. 버려진 아이들과 어르신을 돌보고, 병들고 아픈 노인의 소변과 대변을 받고, 특히 변비가 심해 고통이 심한 분은 직접 손으로 긁어내는 장면을 보면서 절로 고개가 숙여졌다. 그 실장님(강동희 국가대표 농구선수의 누님)은 오래전부터 목사인 남편과 봉사를 업으로 하고 있다.

마침 좋지 않은 소문(국내 최고의 농구선수가 허재와 강동희였는데 승부조작으로 매스컴에 나옴)에 힘든 나날을 보내는 동생 강동희 감독까지 덩달아 좋아 보였다(신축건물 준공식 때 초대받아 감사패도 받고 강동희 씨랑 사진도 찍었다). 그래서 강동희 감독을 보면서 그 누나를 보면 절대로 눈살 찌푸릴 행동을 할 사람이 아니라고 믿고 싶다. 마치 마누라가 이쁘면 처갓집 소말뚝도 이뻐 보인다고 하듯이 믿고 싶어진다.

10년 넘게 인연을 맺어온 베다니 집을 대부도에 있는 "어린양의 집"으로 옮긴 것은 2011년 때쯤인 것 같다. 이 일을 추진하고 행동해 준 여직원이 5월 가정의 달에 직원들과 목욕 봉사 중 휴식 시간에 실장님 방에서 명품 가방을 봤다는 것이다. 남자들은 잘 모르는데 여직원은 이런 것에 민감했는지 어느 날 딴 곳으로 바꾸면 안 되느냐고 제의해서 한참을 망설였다.

 마침 국가의 정책이 바뀌고 사회보장이 점점 커지면서 우리 회사보다 여유 있는 자금 운용이겠다는 감을 받았다. 또한 불쌍한 아이들도 딴 곳으로 격리되었고 신분이 확실한 노인분만 받는 노인요양원 역할만 하는 것 같아 도움도 의미가 없다 싶어 변경을 한 것이다.

10년을 함께한 공로로 2010년
건물 신축 이전식에 초대받고 받은 감사패

 우리 사회에 강 원장님과 이 목사님의 뜻깊은 봉사활동은 선진국으로 가는 도덕적 밑거름으로 알고 나 혼자라도 잊지 않아야겠다고 다짐해 본다. 아무나 못 하는 일을 하시는 당신은 존경받아야 됩니다. 소유

하는 기쁨을 인정해 전체를 다 뭉개는 것은 숲을 못 보고 나무만 보는 작은 소견이지 않을까 싶다. '봉사하는 분들도 명품백 하나 정도 가지는 자유는 인정해 주는 사회가 더 자유민주주의가 아닐까.'라는 생각을 했다. 공금으로 구입했다는 추측보다는 개인 절약 자금으로 구입했을 것이라고 믿고 싶다.

어린양의 집

    2011년 어김없이 찾아온 추석 때 각자 준비한 직원들의 생활용품과 회사지원금으로 어린양의 집을 처음 방문했을 때 "2년 전 정원에 어린 아기를 두고 가서 키우는 아이"라며 소개해 준 아이의 재롱에 웃고 기뻐했으며, 자기도 못 배우고 버려진 고아라 이런 집을 안산제일교회의 도움으로 운영한다며 사랑을 실천하던 오 원장님과 관계를 이어오고 있었다.

    4년 뒤 갑자기 새 원장님이 정식 지명되어 오셨다면서 서로 인사를 나누고 지금까지 유지해 오고 있다. 아마도 국가에서 실태조사 후 체계적인 운영을 위해 공인 자격을 소지한 분이 전문으로 복지를 관리하고 보고하는 것으로 설명을 들었다. 처음 오 원장이 터를 닦았지만 어쩌면 이렇게 하는 게 올바른 정책일 것 같다는 생각이 든다. 오 원장님은 딴 시설에서 여전히 몸소 실천하고 있고 지금도 카톡으로 하나님의 은혜와 진리 전파, 봉사 소식과 사진을 받으며 관계 유지를 하고 있다.

코로나 팬데믹 때도 어린양의 집은 직원들과 함께 계속 정을 나누는 곳으로 원장님과 이쁜 국장님 몇 분의 직원들도 언제나 밝게 봉사하고 있는 모습을 보면 찾아뵙는 우리가 더 기쁨을 받아 감사할 따름이다.

2017년 4월 우리 아이 결혼식 때 화환 대신 쌀 화환을 30여 개 모아서 전달했는데 많은 도움이 됐다고 갈 때마다 고마워했다. 그때부터 지금까지도 앞으로도 경사에는 화환 대신 쌀 화환만 보내는데 받는 분도 좋아하고 환경운동에도 참여하는 일석이조의 효과다(일반 화환은 6만 원이고 쌀 화환은 10만 원이다). 조사(상가) 시엔 아직 실천을 못 하고 있는데, 어떤 반응일까? 알리지 않고 말하지 않고 내가 좋아서 하는 좋은 일은 참으로 자신이 존재해 열정으로 살아가는 데 큰 힘을 얻는다.

2022년도부터는 우리 회사에서 대한적십자사에 매월 20만 원씩을 기부하는데 생각지 않았던 "씀씀이가 바른 기업" 감사패가 오기도 한다. 이런 기부는 내가 하는 것이 아니고 우리 회사 산업용 보일러를 구입해 주시는 고객사 후원금과 직원들의 후원이라고 여기며 늘 감사할 따름이다.

사회구성원으로 열정적으로 일을 하는 목적이 처자식을 위함은 첫째이고 다음은 이런 게 아닐까. 내키지 않아도 함께해 주는 우리 직원들도 자랑스럽다.

푸나무 장학금

    자랑질 하고픈 이야기는 태어나서 첫 번째로 단체 생활을 한 곳 바로 초등학교에 2002년부터 도서상품권 1만 원권 10매씩을 매월 보내기 시작했다. 푸나무 장학금은 나만의 장학사업으로 푸나무는 풀과 나무의 합성어다.

    가명을 사용해서 모르게 하고픈 것도 있었고, 지방 출장 등으로 잊어버려서 여직원에게 아예 부탁을 해서 정기적으로 보낼 때가 많았다. 시골 학생들이 서울의 대형서점에 와서 책을 같이 구입했다는 선생님의 감사 말씀을 졸업 시즌에 들을 수 있었다. 학생 수가 줄어서 분교로 전락하고 면 단위로 합쳐지고 그것마저 사라질 지경에 있다는 안타까운 사연도 듣는다. 모교가 사라지고 면 전체가 동산초등학교로 합치면서 졸업생과 입학생 위주로 인당 10만 원씩을 보내고 있는데 2019년부터는 졸업생 수가 15명에서 2023년에는 7명까지 더군다나 입학생도 3-4명으로 심각한 수준으로 학생 수가 줄었다.

우리나라 인구감소 현상을 실감하고 있다. "푸나무 장학금"은 나만의 평생 후원 사업으로 생각해서 이름도 숨기고 "푸나무"라는 닉네임으로 20여 년을 해왔는데, 매년 졸업생과 입학생 숫자, 졸업 일자를 묻고 가끔은 졸업식 사진을 볼 수 있게 부탁을 하다 보니 이름이 필요하다고 해도 푸나무라고 했는데, 2월 말경에 졸업사진을 부탁했고 전화 받고 보내준 분이 오늘 내 목소리를 알아본 것이다.

푸나무는 풀과 나무의 합성어로 함께 사는 세상을 의미하고 너와 나 우리 세계 전 인류의 평화란 뜻으로 풀과 나무는 어울려 살아야 아름다움을 펼친다. 그래서 사용하고 있는 닉네임이기도 하다. 내가 경제적으로 힘들 때까지는 지속할 것을 매년 다짐한다.

"그래. 아무것도 잘하는 게 없는 나지만 잘하고 있고 잘해오고 있는 일 자랑질 좀 하면 어때!" 나에게 칭찬을 해주고 싶다. "잘했어! 욕봤다."

새싹의 반전

군 제대 후 초조함과 불안이 덮치고 어머니마저 떠난 후 뭔가 돌파구를 찾아야만 했다. 전문대학을 졸업하고 편입을 하자니 같은 계열(산업공학)이 아니라 인정도 어렵고 실력도 안 되고 무엇보다도 적록색약으로 공대보다는 경상계열을 가고 싶었다. 집에서는 4년제 대학을 다니고 있는 줄 알고 있는데 군 제대 후 곧바로 이어지도록 해야 하니 일단 빨리 되는 쪽으로 결론을 내고 가야만 했다. 경기도의 K대학 3학년에 편입학을 해서 졸업 후 한국외대 무역대학원 석사과정을 밟게 된 것이다.

어머니가 없는 아버지의 위상과 가장의 역할은 큰아들 내외의 눈치와 갈등이 많았고 조카들도 4명이 초중고를 다니니 형님, 형수 입장도 이해가 됐다. 평화롭고 단순한 삶이 행복이라 여기며 죽도록 일을 해서 살만해지니 아내가 먼저 떠난 후 가장의 비애와 우수에 젖은 모습을 어쩔 수 없이 바라만 봐야 했다.

못난 아들이 도시 유학 중 생각 없이 유유자적 생활이 후회로 다가올 즈음 대학 4학년 설날 연휴에 큰집 형님(보증인 역할 6촌 관계)과 우리 3형제를 불러놓고 재산 상속 문제를 꺼내시는데, 형님들 내외의 욕심과 아버지의 난처함을 보면서 나는 대학까지만 지원해 달라 말하고 재산에는 선을 그었다. 부모님의 재산(전, 답, 집 등)에 대한 조금의 분란도 싫었고, 내 것도 아니기에 미련을 가질 필요가 없었다.

아마 결혼 후였다면 독단적인 태도에 아내가 브레이크를 밟을 수도 있었겠지만, 어쨌거나 나라도 아버지에게 부담을 주지 않게 하려고 했던 것은 현명한 판단이었다. 아버지의 이날의 판단이 돌아가시기 전까지 불편하고 대우도 못 받으며 사신 것이었다고 본다. 노후에 돈이 강력한 버팀목이며 보이지 않는 무기인데, 더욱이 자본주의 사회는 돈이 힘을 발휘한다는 걸 아실 텐데 이웃의 숱한 사례를 봤으면서 왜 그랬을까? 내 자식들을 믿고 사전에 평온을 보고 싶어서였을까? 지금도 형들은 이 일로 사이가 좋지 않아 중간에 있는 내가 형제들의 우애를 도모하고자 부단히 노력 중이다.

형님 둘 사이의 깊은 골은 시간이 흘러서 70대가 되었어도 풀리지 않는다. 나이가 들면 더 옹졸해지고 자신 뜻만 내세우는 경향이 많은 것을 보면서 내 자신을 채찍질하면서 벗어나려고 노력을 하고 있다. 우리 집보다 재산이 적어도 형제지간에 우애가 깊은 집이 얼마나 많은가! 창피스럽고 못난 형제에서 벗어나서 지금이라도 사이가 좋아지기를 바라며 선물과 관심으로 내가 징검다리 역할을 하고 있다. 잘될 거라 믿는다. 물론 나도 힘들다. 대화가 안 되는 형님을 설득하기가 얼마나 힘든지 속상할 때가 많다.

아내는 내가 맏형 노릇을 한다고 오버한다고 놔두라고 자기 몸이 안 좋아서 여기저기 수술과 병마에 시달리면서 왜 정신을 못 차리느냐고 하지만, 내 맘이 안 편한 걸 어떻게 하나! 그래도 형들보다는 좀 더 배웠고 작은 사업도 하니 뒷날 부모님 뵐 때 "나도 노력했어요."라고 인정받고 싶기도 하다.

졸업 몇 달 전 자취방으로 불쑥 찾아온 아내와의 동거로 양가 부모의 허락이나 상견례 등을 일사천리로 끝내고 결혼식을 올렸다. 고향의 미신풍토로 인해 청도에서 아래로 신혼여행을 가야 잘 산다는 말씀에 따라 부곡 온천장으로 신혼여행을 갔는데 비용 한 푼 없어서 난처했었다. 좀 달라고 하거나 혹은 빌리지도 못하는 성격이었다. '알아서 하겠지.'라고 생각했던 아버지와 형님이 너무했다는 생각이 들었지만 그것까지는 챙기지 못하는 게 당연하다고 생각하면서도 한편으로는 서운했다.

이런 세심한 것까지 챙기는 사람이 되기까지는 사업을 하고 고객 관리를 하면서 터득한 것이니 누구나 그렇다고는 할 수 없다. 연애 시절에도 그랬고 아내의 비상금을 이래저래 알뜰하게 뜯어냈으니 그나마 행운아였다.

부산 친구들도 5명이 같이 따라붙어서 결혼식 후 밤 12시 넘게 놀다가 술에 떡이 된 채로 새벽에 신혼 방에 왔지만 별로 화내지 않던 그런

착한 아내였는데 요즘은 360도 바뀐 걸 보면 세월이, 아니 내가 원인 제공을 했다고 본다. 그래도 아내에게 한 약속, 고생시키지 않겠다는 것을 지키려고 부단히 노력하고 어느 정도는 인정받고 있다.

신월동에 400만 원 전세로 시작해서(빌라 13평 1,000만 원 매매할 때임) 용산에 있는 유통회사에 다니다가 아내의 비상금까지 사장한테 빌려주고 못 받는 실수를 범하자, 아내는 첫째 아이의 탄생과 함께 다니던 병원의 직장을 그만둬 버렸다. 큰아이의 제왕절개 수술비가 없어서 할 수 없이 시골집에 손을 내밀었는데 아버지가(큰형님네) 해결해 주셔서 내가 한 약속을 어긴 셈이 되었다. 그래도 어려울 때 찾을 수 있는 건 가족이고 그 축엔 부모가 있다. 가족이 기본이고 사랑이 근본이 된 곳이기에 예로부터 가화만사성을 최우선으로 하는 삶을 살라고 하는 것이다.

이때의 인구정책인 "딸, 아들 구별 말고 둘만 낳아 잘 기르자."처럼 우리 부모님 세대의 삶이 너무 힘들고 어려웠기에 어른이 된 지금에도 이 말은 맞는 것 같다.

신혼 초 큰아이가 태어나면서 삶이 현실로 와닿았다. 어릴 때부터 돈 걱정을 안 하고 살아온 처지에 부모님이 마냥 도움 주실 것 같았지만 어머니도 안 계시고 아버지마저 힘이 없으니 의지할 데 없는 신세가 되었다. 어두운 밤 막다른 골목에서 길을 헤매는 고라니 한 마리가 나와 다를 바 없지 않은가!

위기에 빠진 인생, 극복해야 할 내 삶을 위해 어떻게 탈출할까. 고개를 들어 하늘을 보니 밤하늘의 별과 달이 "잘될 거야. 걱정하지 말고 일부터 해라." "열정적으로 하면 된다."라고 훈계를 한다.

 지인도 없고 친인척도, 대학도 그렇고 기술력도 나는 뭐하나 전문성을 내세울 게 없는 사람임을 절실하게 느끼면서 돈을 벌어야 살지! 1차 목표로 평범하게만 살자. 처자식은 책임져야지. 최소한 착하고 열정적인 사람으로 변해보자. 지금부터 시작이다. 좋은 습관이 최우선임을 기본을 다지는 것으로 타깃으로 삼았다.

 아버지께서 일하지 않으려면 먹지도 말라고 했는데. 전세자금을 빼서 우연히 친한 친구 신혼집에 놀러 갔다가 알게 된 역곡동에 작은 문구점을 직접 차렸다. 가게 인수는 어림도 없었고, 최소 비용으로 백수인 내가 직접 설계하고 상권을 보고 빈 가게를 임대 계약하게 되었다. 며칠간 인구이동 숫자를 파악하고 주위 아파트와 인구분포 즉 학생들과 학교를 나름 파악하고는 인테리어와 필요 가구를 구비하고 알고 지낸 사회 동생의 도움으로 가게를 꾸미고 오픈식도 없이 아내와 둘이 첫돌도 안 된 아이를 품고 그렇게 시작했다. 밥은 굶지 않았으니 그래도 다행이었다. 낮에는 아이와 둘이서 동네를 산책하며 다른 문구점에도 들러 그쪽 젊은 사장과 업종 정보와 도매상 등을 비교하고 공유하면서 백수의 시간을 알차게 보냈다. 오후에는 이문동 외대 대학원 공부를 하러 갔다 오면서 시장에 들러 군고구마 몇 개에 즐거워할 아내와의 신혼 생활이 행복했다.
 밤에는 가게에서 기름 난로 하나 옆에 두고 논문 준비를 하느라 타자기 두드리는 소리에 아이가 깰까 봐 나도 아내도 조심하며 그렇게 지내기를 1년이 지났다. 울산에 살고 있는 대학 친구의 결혼식에 갔다가 1박을 하고 왔는데 부엌 뒤쪽 자물쇠가 뜯긴 채 도둑이 와서 문구점과 방안의 이불과 책까지 모두 휘젓고 돼지저금통의 10원짜리 동전까지 찢어서 가지고 간 게 아닌가. 벼룩의 간을 빼먹지. 허망하고 어이가 없지만 무엇보다도 아내가 너무 놀라고 무서워해서 1년간은 트라우마에 시달리고 있었다.

바로 옆집이 부동산이고 우리처럼 같이 살고 있는데 사이도 좋았다. 그런데 이렇게까지 자물쇠를 뜯으려면 소리가 났을 거고, 알지 않았냐고 아내가 의심을 했다. 나는 "그럴 리 없다."라고 했지만 의심은 갔다. 왜냐면 지방 갔다 온다고 부탁을 했고, 가게와 방에서 책갈피까지 훑고 이불에 앉아서 꽤 많은 시간을 보냈다는 것도 한몫을 했기 때문이다. 경찰에 신고는 했지만 상처만 남긴 채 가정을 이루며 사는 삶의 한 장면만 남았다.

졸업과 동시에 2년간 운영했던 문구점을 과감히 그만두고 상동 연립주택 방 2개 있는 곳으로의 이사와 함께 취업 생활로 뛰어들었다. 당시 상가 보는 눈과 동네 고객의 흐름과 구매 동향 등을 지금 생각하니 살아가는 데 안목을 넓혀줬다고 본다.

전원주택지도 그렇고 안성 공장부지 땅도 지금의 화성공장도 나름 잘 구입한 건데 그 영향 탓도 있다고 본다. 특히 그 시절에 낮에는 아이와 함께한 시간이 둘의 교감에 굉장한 효과가 있어서 큰아이와는 서로 할 얘기도 많아서 지금도 얼마나 사랑스러운지 내가 야단을 쳐도 눈치껏 알아차린다. 사랑의 교감 시간이 헛되지 않았다고 생각한다.

역곡에서 이문동까지 오가며 하루도 빠짐없이 5학기를 꽤 열심히 공부하며 논문 준비를 했다. 3학기 차에 무역대학원 원우회장 선거에 출마하게 되었는데 외대 학부생의 지원에는 뒤처지면서 낙선했고 4명 출마 중에 2위로 나름 선전했다고 자부하면서 아쉬웠던 점은 지방대학 출신끼리 단결의 부족함이었다. 4, 5학기 때는 장학금을 타면서 도움이 되었고 서재명 교수님의 지도 아래 "경제학석사 학위"를 취득하고 무사히 마칠 수 있었다.

학위를 받고 졸업을 하니 철학자처럼 생각이 더 많아지는 시간에 직면하게 된다. 세상을 아름답게 만드는 사람! 그러려면 눈앞에 와닿는 현실 상황을 받아들이고 지난 일은 가슴에 담고 처음부터 시작하자. 두 아이와 아내 곁에는 나뿐이다. 지금껏 호사를 누렸으면 어른이 되어서는 책임감과 의무감으로 아름답게 살아보고 평가는 나중에 하자, 다짐을 하고 나니 마음이 편해졌다.

새벽 5시에 기상해서 밤 10시가 넘어서 돌아오는 올빼미 생활을 5년 정도 하고 나니 주말도 가끔 보이기 시작했고 삶도 조금 안착되어지는가, 했더니 반가운 건지 놀라운 일인지 사랑스러운 둘째가 태어났다. 복을 안고 온 아이가 아닌가! 쉼도 중요하다는 걸 일깨워 준 아이가 아닌가! 하나님이 우리 부부에게 준 복덩이 꿈동이가 막내 둘째다.

둘째가 주는 행복은 첫째보다 더 깊은 것 같다. 아마도 시간과 여유가 주는 것인지도 모른다. 태어나면서 자기가 살길을 알고 나온다는 옛 어른들의 말처럼 막내는 애교도 많고, 나서길 주저하지 않고 노래도 잘해서 모임에 가면 모두에게 박수와 사랑을 독차지했다. 선물도 욕심이 있어서 내심 장차 미래에 인물이 될 거라는 자식 사랑에 빠질 때가 많았다.

그럴수록 더욱더 열정적으로 일을 하고 착하게 살게 하는 존재인 것 같다. 아이들로 인해 2동짜리 지방건설사의 아파트 내 이웃과 친해지고 같이 왕래하며 모임도 이어져서 주말도 동네 분들과 함께 즐거운 시간이 이어졌다. 일과 이웃의 교류가 10년 동안 함께 하는 즐거운 생활로 안착되었고, 일부는 지금까지도 왕래하며 형제들처럼 친구처럼 살고 있다.

모두들 저마다의 이유로 와서 살다가 살뜰한 이웃이 되어 아이들의 교육으로, 직장으로, 새로운 주거지로 인해 또다시 헤어져서 새로운 이웃을 벗하는 시간의 연속이다. 또 그렇게 세월이 흘러 어느덧 한 가정의 아이들 혼사와 부모의 조사가 이어지면 우리들의 가정도 완성되어 갔다.

2007년 첫 가족여행, 홍콩 디즈니랜드에서

대충은 없다
공짜도 없다

　마포의 무역회사에 입사해서 인정을 받을 때쯤, 군대 친구 모임에 가서 실력만 있으면 클 수 있는 회사라고 하던 말이 생각나 다음 날 무역센터로 가던 중 전철 안에서 신문에 나온 사원 모집 공고를 보고 17:1의 경쟁으로 입사했다. 10년 동안 한 우물을 파고 있었는데 IMF 시작과 함께 업종 변경으로 인해 퇴사를 하게 되면서 사업을 하게 되었다.

　10년의 회사 생활 동안 사생활도 없이 오직 살아야 한다는 강박관념과 입사 때 최종 면접관이 10년 후 본인의 모습을 말해보라고 해서 거침없이 사장 바로 아래까지라고 했다. 회사란 돈을 받기 위해 다니는 곳이 아니다. 내가 회사에 돈을 벌어줌으로써 받는 내 몫이라고 본다. 회사가 잘되게 아이디어를 내고 비용 절감을 하고 상사와 동료들에게 먼저 손 내밀고 오너가 경영 방향키를 잘 운전할 수 있게 믿음을 줘야 한다.

그리고 열정적인 직원상을 본인이 만들어야 올바른 직장인이지 않을까. 기술력과 경험이 조금 되면 철새처럼 돈에 따라 이직률이 많은 사람들을 보면 말년에 직장 생활이 쉽지 않다. 회사나 가정이나 다를 게 없다. 예의 바르고 쾌활하며 긍정적인 생각으로 회삿돈을 아낄 줄 알고 일을 만들어서 해결하는 샐러리맨이면 어디서나 대우받지 않을까. 모르면 배우고, 물어보며 같은 실수를 하지 않고, 근태가 좋으면 급여는 저절로 올라갈 것이다.

똑같이 입사해도 어떤 사람은 승승장구하고 어떤 사람은 회사보다 가정에 더 신경 쓰고 개인 일에 적극적이었다면 그 대가는 엄연히 다를 것이다. 감사하는 마음과 자기를 인정할 줄 아는 자세도 한몫을 한다.

가정도 잘 돌보고 잘 놀고 휴식도 하고 여행도 하면서 부모님께 효도하고 모임도 가고 나로선 상상이 안 된다. 평범한 사람이 회사에 올인하지 않고 월급을 어떻게 많이 받나? 나와 비슷한 배경이라면 중소기업에 입사 해서 인정을 받을 수 있는 실력과 믿음을 줘야만 얻어지는 것이 아닐까, 해서 급여에 대해선 한 번도 불평불만 하지 않고 속으로 삭이며 일로만 고민하며 열정적으로 행동한 결과, 지금의 내가 있었다고 본다.

일에 돈이 따라오는 것이다. 나를 받아주고 일한 대가로 처자식과 넉넉하진 않지만 잘 살게 해줘서 감사하다고 "내 시작은 미약하지만, 마지막은 창대하리라."라는 문구로 지금까진 60점을 넘었다고 자평해 본다. 인생길 미로에서 이렇게라도 나의 길을 정당화시키고 싶다.

선재도에 오면

하늘 담은 구름마을에
밀, 썰, 펄을 볼 수 있다

바다 품은 해변에
차 한잔할 수 있는
정자 찻집이 있다

한국에서 가장 아름다운 섬
목섬이
모세의 기적 길로
손을 내밀어 반겨준다

선재도에 오면

해변 언덕 입구 작은 성당과

산 아래 다정히 위치한 교회당에 들러

소원을 빌면 하나님이

다 들어준다

마을길 50m 오르면

뱃말과 구름마을이 모여

하늘정원이 쉬어감을 요구한다

2013년도 CNN이 뽑은 한국의 아름다운 섬 1위 선정(목섬)

선재도에 오면

눈앞 펼쳐진 동쪽 바다는

호수인지 바다인지 평화롭기만 하다

호두를 닮은 호두섬도 같이 웃고 있다

하루 두 번 열리는 길 따라

측도에서 몽돌 자갈 작은 박하지게들과

케렌시아를 가질 수 있다

선재도에 오면

해변에서 저녁놀에 취해

어깨를 감싸며 사랑 고백도

키스의 달콤함도 품어주는

사랑 바다를 만난다

바지락 캐고 낙지 잡는 어민들의

정겨운 모습에

내 부모님 생각이 난다

선재도에 오면

로댕이 되어 이너피스(Inner Peace)를 얻고

활력산소까지 채워 간다

목욕탕에서 일어난 일

　2002년 봄, 임학동 두 곳에 있는 공중목욕탕을 선택하는 건 그때마다 나의 즐거운 선택이었다. 한 곳은 시장 입구의 낡은 옛 건물에 시설이 좋지 못하지만 다정한 관리인이 있고 다른 한 곳은 멀어도 다소 신축건물에 속해서 시설 면에서 사람들이 더 있는 곳. 토요일 오후에 혼자라서 후자 쪽으로 갔다. 그날은 봄나들이를 많이 나간 건지 외식을 하며 쇼핑을 간 건지 평소 붐비던 곳인데 사람들이 생각보다 적었다.
　목욕탕에 가는 날이면 아들이 있었으면 좋겠다는 생각이 들곤 한다. 눈앞에 펼쳐지는 어르신과 중년 아들의 모습이나 꼬마 아이와의 아빠 모습에서 부자지간의 때 미는 광경이나 대화를 듣노라면 인간미가 넘치고 부럽기도 하다. 집에 돌아와서 그 말을 아내에게 하면 네 탓 내 탓 "씨가 나빠서 밭이 안 좋아서."로 이어지고 아내에게 상처를 줄 때가 종종 있다.

평소와 같이 샤워를 하고 온탕에 몸을 담그기 위해 욕조 언저리에 걸터앉았다가 반신 욕조에 있는데, 앞에는 7-8살 정도의 어린아이가 있고 먼저 들어온 아저씨는 금방 나가고 눈을 한 번 쳐다볼 뿐 다름없는 이전 그대로의 모습인데 눈앞에 흰 머리카락 노인이 물속에 얼굴을 묻고 있어서 아이와 누가 오래 있는지 내기를 하는 줄 알았다. 2-3분이 지나고 '이야, 세다. 올라오겠지.' 하고 계속 주시하고 있는데 아이는 자리를 뜨고 나온 순간 이상함을 느껴 "할아버지!" 하면서 등에 손을 대어도 아무 감각도 없었다. '어어, 이거 아닌데.' 생각하면서 "할아버지!" 하면서 다시 큰 소리로 불렀다. 부풀어 오른 등의 때가 미끄러웠지만 등을 두 손으로 감고 손가락을 끼면서 큰 소리로 구조요청을 하고 있는 힘을 다해 욕탕 밖으로 끌어냈다. 탕 밖의 아저씨 한 분의 협조로 간신히 옮기고 욕탕 관리인이 119에 신고하는 동안 응급처치를 했다. 먼저 배에 들어간 물을 손으로 쓸어올리자 토해냈고 돌려서 거꾸로 눕혀 물을 더 토하게 한 뒤 바로 눕히는 사이에 구급대원이 도착해 모셔갔다. 정신없이 구조 및 응급처치를 하고 발가벗은 몸에 땀이 범벅이 된 채 바닥에 십자로 털썩 누워 잠시 휴식과 안도의 숨을 쉬었다.

긴박한 순간 행동은 과감했으나 그렇게 많이 보고 해봤던 응급처치 구강 대 인공호흡법 실시에는 어설펐던 점은 지금도 의문이다. 내 아버지였다면 어땠을까!

직장 생활 중에 충북 음성의 꽃동네에 회사에서 단체로 봉사를 가서 맡은 일이 노인분의 대소변을 받는 일과 목욕시키기였는데 대변을 처리하기도 전에 구역질이 나서 밖으로 나왔다가 들어가곤 표정 관리도 안 되어 힘들었던 적이 있었다. 마침 일본서 봉사하러 온 어떤 여성분이 차분히 대처하는 것을 보고 부끄러워했던 때가 생각났다. 때가 부풀어서 손과 몸에 부딪히는 느낌과 구역질이 나서 역겨워했던 순간들을 앞으로 다시 마주한다면 섣불리 나설 용기가 있을지 자신에게 되물어 본다.

나이가 들수록 넘어지거나 관절, 허리 다침의 중요성은 알지만 노인께서 혼자 목욕탕 가는 일에 더 많은 관심과 동행이 무엇보다도 중요하다는 것을 경험했다. 샤워장에서 나와 화장대 앞에서 몸을 말리고 있는데, 목욕탕 주인이 음료수 한 병을 주면서 "시체로 나가지 않게 해 줘서 감사하다."라고 하는 말을 들으며 목욕탕 문을 나오는데 시골에서 일하시는 아버지가 갑자기 보고 싶어졌다.

일주일이 지난 후 다시 들른 목욕탕은 사람들이 붐볐지만 관리인이 금방 알아봐 줘서 그분의 소식을 들을 수 있었다. 다행히 무사히 깨어나셨고 동네 유지로서 아들이 구의원이라고, 그러면 뭘 해, 저렇게 혼자 다녀야 되는 걸 불쌍하다는 말까지, 그랬다. 누군가 같이할 수 있는 관계가, 함께하는 사이가 행복의 길이 아닐까. 손잡고 목욕탕 같이 가서 등 밀어주는 부자지간이 멋진 가족이고 얼마나 훈훈한 광경인지 홀로 계신 아버지 생각에 숙연해지는 휴일이었다.

현재도 목욕탕에 가서 일주일의 피로와 생각 정리가 습관처럼 되었는데, 1만 원의 행복을 느끼는 목욕탕이 참 좋다. 특히 한화 콘도에 있는 온천장은 수질도 좋고 경관도 그만이다. 명절 시골에 오갈 때 경주,

수안보, 백암, 해운대, 지리산, 양평, 속초 등 일부러 숙박을 겸한 여행으로 아내와 함께 즐거운 시간의 휴식을 얻는 곳이다.

2023년부터는 백암, 지리산 등이 운영 중지되어서 우리 부부에겐 서운함이 함께한다. 한때는 왜 돈을 벌려고 하냐면 매주 목욕탕에 가서 때 밀고 구두 닦고 이발하고 노천탕에서 하늘 보고 나에게 잘 좀 부탁한다고 아부하기 위해서도 한 부분이라고 자신에게 말을 건 적도 있다. 지금도 회사와 거주지 근처에 좋은 온천탕(월문 율암 해피랜드)이 있어서 감사하다.

특히 책 읽는 인상이 좋은 중년의 여성 매표인과 들어가면 반겨주는 미남의 관리인과 성우처럼 목소리로 안정감을 주는 이발사 아저씨가 있는 율암 온천은 휴식의 보너스를 더해주는 곳이다. 가고 싶은 목욕탕의 조건으로 시설이 깨끗하고 친절하고 이발 실력이 있는 분, 세신 잘하는 분이 있고, 구두를 닦아주는 곳인데 네 박자를 갖춘 곳도 흔하지 않다. 여기에 추가로 노천 온천탕이 있는 곳까지다. 나이가 들수록 몸을 더 청결히 해야 한다는 상식에 따르면 손주들이 할아버지한테 냄새난다는 소리 안 듣고 아내가 좋아하고 기분도 좋아진다. 주중에 가는 노천 온천욕장은 나의 Querencia다.

갈매기와 까치

　작년까지만 해도 까치무리와 그들이 집 정원과 지붕을 놀이터로 여기며 "까-악." 노래와 배설물을 집 앞 현관까지 뿌리며 나와 아내의 인내심을 테스트하고 빈 막걸리 깡통, 그릇 2개로 옥상에 가서 내쫓기까지 하는 게 일상이었는데 올해는 숫자도 현저히 줄고 큰 소나무와 풀숲 사이 참나무에 한 쌍만이 보금자리를 틀 뿐, 나와 숨바꼭질은 하지 않게 되었다. 대신 바닷가와 바다에 주로 서식하고 놀던 갈매기가 까치들의 영역을 접수하고 위력을 과시하는 광경을 보면서 의구심이 들고 공생관계가 궁금해졌다. 강자들의 침략일까? 일시적 공동지역을 만든 걸까? 각자의 영역이 허물어지고 서로 적응하는 생태계로 가는 걸까?

　지구온난화로 사과와 배값 등 천정부지로 물가가 치솟아 먹기가 힘들다는 기후 인플레이션도 생산지 이동처럼 이들의 자리바꿈도 맥을 같이하는 걸까, 왠지 갈매기보단 까치가 머물기를 은근히 바라는 내 마음을 비웃기라도 하듯 갈매기 떼가 지붕 위를 노닐고 있다. 애들의 배설물은 그 흔적이 크고 뚜렷해서 치우기도 힘 드는데 섹션 퍼레이드까지 펼치며 보기 좋은 자태로 하늘을 비행하고 있다.

간만에 야외서 삼겹살 파티라도 하면 애들은 귀신 출몰하듯이 조용히 바로 옆까지 와서 '너희들만 입이냐. 같이 좀 먹으면 누가 잡아가냐.'며 시위까지 한다. 간혹 한 조각 던져주면 바다에 있는 친구들을 모두 데리고 와서는 더 세게 나에게 먹을 것을 달라며 생떼를 쓴다. 바다가 자기들의 놀이터이고 생활 터전이며 오가는 배를 따르고 함께하는 자가용까지 소유한 갈매기가 영역을 넓히는 이유가 궁금하다. 처음 한 마리는 귀엽게 보던 어린아이들도 무리에는 겁을 먹고 울기도 하지만, 바다 위의 갈매기는 두 날개를 짝 펴고 속도 조절의 강약으로 보는 사람들과 대화도 하고 바다를 오염시키지 말라며 홍보도 하는 해변의 파수꾼이다.

그렇기에 저 애들도 같이 살아야 할 우리 이웃이고 생명체의 존귀함이다. 정원 아래 풀숲의 필지에 각종 이름 모를 풀과 잡목들이 어우러져서 임야의 자태가 짙다. 그런데 나는 꽃밭과 텃밭으로 활용하기 위해 틈틈이 삽과 괭이로 넓히고 있는데 여기서 그만 중단해야겠다. 작년보다 새들의 소리와 종류가 적어졌고 각종 곤충들이 눈에 띄게 줄어들었기 때문에 새와 벌레들의 집과 놀이터를 없애는 것은 내게도 이로울 것이 없다고 본다. 내 것이라 뜻하는 대로 개발할 수는 있지만, 가급적 그대로의 자연이 좋아서 여기 온 것처럼 좀 불편해도 받는 것이 더 많은 자연임을 알면 실천해 봐야겠다.

 함께해야 할 지구인데 세상에 사라져야 할 건 없다고 하는데 더불어 살자. 아파트의 층간소음, 기계 소리, 차량과 비행기 소리, 사람 간의 싸우는 소리 등 블랙 소음(Black Noise)으로 인한 현대인의 스트레스가 이만저만이 아니다. 새소리, 파도 소리, 바람, 비, 눈 내리는 소리, 개구리, 매미, 우는 소리, 귀뚜라미 소리, 물고기 솟구치는 소리 등 화이트 소음(White Noise)이야말로 삶에 있어 무한한 고마움의 선물이다. 사람들에게 가장 아름답고 고마운 건강의 소음을 찾아 산과 바다로 지구를 돌며 자연과 함께하는 것이다. 오늘도 까치 부부가 둥지에서 알을 품고 새끼를 낳고 암수가 자기 임무를 충실히 하는 걸 보면서 인간과 똑같다고 생각하며, 잘 키워서 갈 때까지 평온해지길 지켜본다.

 몇 년 전 농막 생활 할 때, 까치 새끼가 나무에서 텃밭에 떨어졌는데 어미가 위에서 짖어서 발견하여 살리려고 거름더미 위에 보호망에 놓고 갔었는데 주말에 와서 보니 뼈만 남아 있어서 얼마나 죄스러웠는지 내가 죽인 거나 다름없었다. 물론 범인은 들고양이였지만 그 후로 들고양이를 별로 좋아하지 않게 됐다.

 그렇다. 바다의 파수꾼 갈매기도 더 평화롭게 노니는 광경이 지속되길 바라고, 나부터 환경보호에 작은 일부터 한다면 우리 강산 더 푸르게 될 수 있을 것이라고 기대한다. 바닷가에서 살면서 느낀 점은 바다를 찾아온 관광객들이 낚시를 하고 버린 납과 바늘, 나일론 실, 장갑, 지렁이통, 음료수병, 컵 등을 대부분 그냥 두고 간다는 것이다. 이런 쓰레기들은 다시 바다로 버려져서 오염되고 철새가 다치고, 텐트나 차박을 하신 분의 배설물, 음식물 등도 버려져 있어 다시 바다에 스며들어서 다음 주에 오는 관광객들은 그 바다가 더럽다며 옮겨 가서 또 다른 곳까지 오염지역이 되고 있다. 동네 분들이 왜 관광객들을 반기지 않을까, 라며 의아했던 의문점을 푸는 데는 긴 시간이 필요하지 않았다.

2부

치열한 삶이
희망이고 꽃이지

치열한 삶이 희망이다

　어느 날 친구 모임에 갔다가 회사 자랑을 듣고 있었는데, 학벌보다는 능력을 최우선으로 한다는 말에 솔깃해졌고 부러웠었다. 얼마 후 업무차 무역협회로 가는 전철 안에서 신문을 보다가 며칠 전 자랑하던 친구 회사에서 사원 모집이 나왔는데 망설여지기 시작했다. 친구한테 전화했더니 자기는 공장인데 본사 인사부로 지원하면 될 거라고 해서 지원서를 제출했다.
　1989년 10명 모집에 170명 정도 왔는데 처음 생기는 본사 기획팀에 지원을 했는데 운 좋게도 합격을 했다. 곧바로 연수를 마치고 서초동 본사에서 근무를 시작하게 되었다. 입사 후 6개월쯤 되어 부서가 없어지는 바람에 구매부로 발령받아 근무하게 되었다. 3개월쯤 지나 산업용 보일러 제조생산의 자재 구매 업무인데 제작과정도 모른 채 구매하는 것이 답답하기도 하고, 여기서의 활동 내역이 아직 미미하기 때문에 차라리 현장경험을 빨리 하는게 좋겠다 싶어 부서장께 공장 창고 관리를 해보고 싶다고 해서 파견근무를 하게 되었다.

 2개월 근무를 마치고 본사로 복귀한 후, 이번엔 현장을 가고 싶다고 해서 현장 대리인으로 보일러 용량이 큰 현장을 맡아서 가게 된 곳이 "○○○라면" 공장 현장이었다. 인천에서 평택까지는 멀기 때문에 집에는 2달 정도 못 온다고 하고는 안중에 민박집을 얻어서 자취를 했다. 비용도 아끼고, 제대로 일도 배우고 현장 관리인으로 회사에 누를 끼치지 않게 안전과 정리 정돈을 철저히 하며 생산일지와 개인 일기를 적어서 보고 및 기술 습득에 도움이 되도록 최선을 다했다. 또한 영업부에서 계속 고정 거래처가 될 수 있게 돕는 일도 나의 임무였다.

 외주업체 사장도 우리 회사 출신이라 쉽게 친하게 되고 잘 몰라서 왔는데 방해는 안 될 테니 많이 도와달라고 부탁을 했다. 출퇴근 차가 없어서 퇴근 시 화물차를 많이 얻어 타곤 했다. 작업 시작 30분 전에는 출근하여 주변 정리를 확인하고 소장에게 오늘 할 일을 다 받아 적고 모르는 작업은 일일이 물어서 혹시 갑 측의 팀장이나 공장장께서 수시로 와서 묻기도 하니까 보고할 수 있는 태세를 갖추느라 정신이 바짝 들어야만 했다. 현장 대리인이라고 본사에서 왔다고 뒷짐 지고 시간이나 보내려고 온 건 아니기 때문에 일하는데 자재 운반을 많이 해줌으로써 외주 사장도 이익이 되고 우리도 납기를 단축하기 때문에 근로자 역할을 많이 했다.

 오후 작업 종료 후 작업자들이 가고 나면 버린 쓰레기랑 작업 뒤의 정리 정돈은 도맡아서 했는데, 이런 행동을 지켜보고 있는 사람들이 많았음을 나중에 알았다. 작업 중에 가끔은 휴식 시간이 많은 편인데 기관실에 들러 많은 이야기를 하다 보면 회사 분위기랑 기관실의 상태, 직원들의 모습 등도 알게 되었고 어떤 날은 차도 얻어 타고 가서는 저녁 식사 겸 소주도 한잔하면서 친밀감을 이어가는 경우도 있었다.

 대부분 어딜 가나 회사나 동료 상사 등을 욕하는 부류와 그렇지 않은 부류를 볼 수 있는데, 가급적이면 긍정적이고 신뢰받는 분과 사귀고 싶었고 그렇게 되는 것 같았다. 이런 부류의 사람들이 나중에 회사에서 중추적인 사람으로 성장하기 때문에 인맥 관리에 큰 도움이 됐다. 작업이 막바지에 다다랐을 때쯤 공장장이 직접 오셔서 나를 쳐다보며 "이제 거의 다 되어 가지요?"라고 하셔서 "네, 닥트 작업과 보온 5일 정도 후면 결선 시운전 예상입니다."라고 보고했는데, 직원을 시켜 라면 10박스를 주면서 "잘해줘서 고맙고, 많은 일을 보지만 현장 대리인이 정리 정돈까지 해주고 안전관리도 잘한다."라고 보고받았다고 하면서 칭찬을 해줬다. 이분이 공장장, 연구소장으로 나중에 대표이사까지 하신 이○○이시다. 받은 라면은 소장님과 작업자에게 주고 나도 컵라면 1박스를 갖고 가서 유용하게 사용했다.

 라면 공장에 45일 정도 있으면서 기쁜 일 중 하나는 오후 3시 정도에 간식시간인데 무조건 라면이 나오고 그 맛이 좋았다. 대량으로 끓여서인지, 아님 어떤 노하우가 있는 건지 영양사분께 물어봐도 미소로만 답을 해서 지금도 아리송할 뿐이다. 영양사분이 차분하고 웃는 얼굴이며 키가 좀 작지만 지성적이었고 노처녀여서 내가 중매하려고 회사직원분과 미팅까지 했는데 골인으로 이어지지 않아서 중매는 실패로 돌아갔다. 인연은 우연도 있지만 억지로 이어지는 것이 아님을 보면서 나와의 인연이 소중함을 새겨본다.

갈등과 선택

업무를 잘하기 위한 기초지식을 얻기 위해 스스로 공장과 현장경험을 마치고 1년이 되면서 주임을 건너뛰고 계장으로 승진하게 되었고 원자재와 수입품 위주로 일하게 되었다. 대형 현장이나 고압용 보일러

는 수입품이 많이 들어가고 철판도 특수용일 때가 많은데 철판이 납기를 못 맞춰 상무께서 걱정을 해서 구매부는 난처했다. 전화로 기다리고 부탁만 할 게 아니라 제가 포스코에 직접 확인해 보겠다며 허락을 받고 포항에 갔다. 공장 규모와 철강 산업단지를 보면서 한국의 산업 현장이 새삼 커 보였다. 본부 마케팅 부서에 가서 담당 근무자의 물량 상태를 보고 받고 확인했으나 단축은 쉬워 보이지 않았다.

그래도 오죽했으면 말단 사원이 이렇게 왔겠냐며 부탁해서인지 생각보다 일주일 먼저 납품되어 다행이었다. 그렇게 부지런히 일하며 1년이 또 지나면서 과장 대리로 진급하고 원가 절감부서의 책임감을 더 느끼게 되었다. 회사에서 제안제도가 있었고 주 1회 채택된 것에 제안 내용과 향후 예상효과를 발표하면 상사들이 채점을 해서 매달 시상품을 생필품으로 줬는데, 본사에서 제일 많이 받은 것 같다. 의문 나는 것을 묻고 '이렇게 저렇게 바뀌면 되지 않을까.'라는 뒤집기 발상이 꽤나 먹혀들었던 것 같았다.

박봉의 샐러리맨에게는 제법 보탬이 됐고, 아내도 좋아했다. 물론 그것보다는 인정받고 있음이 더 큰 보람이었다. 늦게 취업하고 두 아이와 아내가 있어서 더 열심히 했고 '이왕 하는 거 잘해야지.'라는 근성이 살아나는 것 같았다. 구매 업무 중 외상 매입금 최종 결재 받는 것에 많은 스트레스를 받았다.

구매 부서에 6명이 있었는데 한번은 한 현장에 세금계산서가 이중으로 발급되어 대금이 두 번 나갔는데 외산 펌프라 금액도 몇천만 원이 넘는 큰 액수여서 감사로 이어지고, 금품수수 사건으로 친동생이 부서장인데 우리가 보는 가운데 욕설과 고함으로 혼을 내고 있었다. 이후 정리될 분 몇 분은 나가고 나는 과장으로 진급되고 업무 범위가 넓어져 갔다. 매주 토요일이 반 공휴일이라 직장인들에게 가장 기다려지는 날인데 구매부 책임자는 이날이나 일요일에 주로 사장님과 종일 한 달 동안의 지출내용을 결재받아야 했다. 단순히 세금계산서가 있고 거래명세서 확인, 발주서(계약서)가 있으면 되는 것이 아니라, 어느 현장이며 지금 수금 상황이 어떻게 되며 언제 잔금을 받게 되는지, 왜 계산서가 빨리 들어왔는지, 현장소장은 누구며 일은 어느 정도까지 진행되었는지, 받을 어음 기일이 얼마인지 등을 꿰뚫고 있어야 200여 개 업체를 마감할 수 있기 때문에 상무님과 나는 주말이면 긴장과 고충이 심했다.

어떤 날에는 사전에 구매 결재를 받고 계약서나 발주서를 보냈는데도 왜 이렇게 한 군데에서만 구매를 하느냐, 이 업체는 어디에 있으며 사장이 누군지, 어떻게 우리랑 거래를 하게 되었는지, 의심스러운 발언도 듣고, 언제나 모든 것을 알아야 했기 때문에 경리와도 밀접하게 협력함은 물론 영업부의 수금사항도 꿰뚫고 있어야 했다. 월요일부터 토요일까지 별 보고 나왔다가 달 보고 들어가는 인천 계양에서 서초동 교대까지의 생활 중 이렇게 3년을 보내게 되었다. 일요일 하루만이라도 아이들 얼굴도 좀 보고 아내와 뒷산이라도 가서 쉬고 싶었는데 그것마저 쉽지 않았다. 매주 월요일 주간 회의는 본사에서, 매달 첫날은 오산공장에서 월례 회의를 하는데 준비를 철저히 하지 않으면 전 직원 앞에서 창피를 당할 수 있기 때문에 쉬는 날에도 발표거리를 준비하느라 몸 따로 마음 따로일 때가 많다.

　1993년 대리에서 구매과장으로 승진을 하고 나니 부담이 커지기 시작했다. 대용량의 수주와 이윤이 많이 줄었고 고급 인력들은 많아졌다. 사장님은 40대 후반 50대 초반 되는 부서장과 임원들께 "변화 없이 고정관념에 젖어 있어 쇠퇴하고 있다."고 오래된 직원들에게 노골적으로 말씀하셨다. 그래서 대기업에서 젊은 인재를 채용한다는 등의 말씀이 많아지고 능력 없는 상사가 있으면 아랫사람이 클 수가 없다는 말씀을 하는 걸 들으면서, 아차 나도 곧 40대가 될 텐데, 더군다나 구매부에서의 롱런이 될까, 하는 의심과 미래의 보장이 불확실해 보이기 시작했다.

　6개월 후 똑같은 주말 결재 시간에 무거운 발걸음으로 임했지만 마음이란 게 한번 기울면 어쩔 수 없는 것 같다. 토요일에 반 정도는 겨우 마치고 일요일에는 출근을 하지 않았다. 전날 이유 없는 설명으로 마음도 상하고 몸도 지치고 그만둬야겠다고 생각했기 때문이다. 오전에 상무님이 삐삐가 와서 전화로 오늘은 급한 일로 둘러댔으니, 월요일에는 아무 일도 없는 것처럼 출근하라고 했다. 월요일 상무께 면담을 신청하여 계속 근무할 테니 부서를 기술영업으로 발령해 주십사 요청했다. 의아해하시며 기술영업은 아무나 못 한다고 만류했지만 내 고집을 인정해서 대표이사께 보고를 드린 것이다. 사장님도 허허 웃으며 영업을 왜 하려고 하느냐 해서 "구매 업무를 반대로 생각하면 된다고 생각하며 인센티브도 받을 수 있으니 가고 싶다."라고 대답을 하고 일주일 후 사장님이 호출해서 갔더니 구매 업무 볼 때의 그 표정이 아니고 미소를 띠며 인자한 얼굴을 해서 새삼 놀랍기도 했다.

　봉투를 주면서 "50만 원인데 양복 한 벌 맞춰 입어라."고 했다. 왜 하필 "양복 한 벌"이라고 했는지에 의문이 들면서 월급의 반이나 되는 돈을 감사하게 받아서 나왔다. 나의 이런 선택이 펼쳐질 미래를 좌우하는 데 밑거름이 될 줄을 그때는 몰랐고 현재에 충실하고 그 자리에서 인정받는 사람에 초점을 둔 내 직업관이 이어준 거라 본다. 구매과장에서 기술영업부 과장으로 배치되어 어색한 책상 배치에 앉았으나 기존 사원들도 알기 때문에 협조적일 것이라는 생각은 일주일이 안 되어 착각이었음을 알았다. 각자가 생존하기 위해 장막을 쌓고 있었고 냉혹한 직장 생활임을 인지하고 다시 한번 살기 위해 다른 방법과 노력이 필요했다.

　플랜트부는 외부 인력이 대거 왔고 기존팀은 각 4팀으로 나뉘져 있고 각자 연 목표가 있다 보니, 보이지 않게 경쟁이 치열했는데 내부 고객 관리도 신경을 쓰는 것은 전화로 문의가 오면 여직원이 주고 싶은 사람에게 내용을 전달하기 때문에 받는 팀에서 쉽게 영업을 갈 수 있기 때문인데 영업직원들이 여직원에게 왜 각별히 친절했는지도 알게 되었다.

구매 업무는 청렴 주인 정신을 바탕으로
기술력을 갖춘 최고의 업무다

평소 사장님이 "검은 고양이든 흰 고양이든 쥐만 잘 잡으면 된다."는 중국 등소평 주석의 개방화 연설문 중 한 구절을 자주 인용하는 것도 같은 맥락임을 알게 되었다. 대학원 논문을 쓸 때 나도 인용했던 구절인데 중국이 이때의 과정보다 결과 중심의 자본주의 방식의 개념을 잘 받아들임으로 인해 오늘날 대국의 길로 접어든 것이다. 기업이란 이윤 추구가 목적인 건 삼척동자도 알지만 모든 부서가 직접 와닿지는 않고, 영업부는 매출과 이윤을 동시에 낼 수 있는 기술을 만들지 못하면 낙오자가 되기 때문에 다짐과 행동이 다를 수밖에 없었다. 기술영업부 직원들이 그 회사를 대표하는 자이고 고객을 창출하고 매출을 발생시키기 때문에 회사의 핵심이고 선봉자이고 선구자이기도 하다.

그렇기 때문에 품질과 제품에 대한 기술은 물론, 사후관리와 신제품의 미래 시장성도 먼저 보는 눈을 가진다. 통상 부서 이동 후 3개월은 실적이 없어도 큰 부담이 적지만 그 후론 짐을 지고 다닌다. 50여 명의 본사 직원 중 양복에 넥타이를 맨 사람들은 대부분 영업부와 간부들이었는데 아침 조회 시간에 양복 위 귀밑에 떨어져 앉아 있는 비듬 덩어리를 쉽게 볼 수 있다. 당시엔 샴푸보다 비누를 많이 사용하는 시기였고 비듬을 털어도 계속 나와서 각별히 신경 써야 했다. 사장님은 수시로 누구를 지명해서 발표토록 했는데 몇 분의 상사가 비듬을 많이 묻혀서 다니면 꼭 지적을 해서 알리기도 하고 창피도 준다. 양복 한 벌이 대부분이고 와이셔츠도 몇 벌 없는 사람이 대부분인데 땟자국이 꾀죄죄하기도 해서 그 사람을 보면 부부관계랄까, 부인의 남편 관심도를 짐작하기도 한다.

구매부에서 영업부로 오면서 사장님이 왜 양복 한 벌 맞춰 입으라고 한 건지 몇 달 뒤에 알 수 있었다. 차림새 또한 영업의 시작, 아니 대인관계에서 첫인상을 심는 것은 결과와 지속에도 영향이 크기 때문에 항상 단정하고 깨끗하게 입고 다녀야 한다는 것을 일러준 것이라고 생각했다. 입사 이후 퇴사 때까지 거의 10년간 한두 벌의 옷을 깨끗이 빨아서 새벽마다 다리미질을 해서 입혀주는 아내에게 고마웠고 고객들이 늘 단정하다는 말을 해줄 때는 진짜로 그런 것을 실감했다.

물처럼 자유롭게
물처럼 강하게

　실적 부담이 아직은 덜할 때 부서의 임원께 "전국 판매왕 교육" 일정이 신문에 광고가 나와서 좀 가고 싶다고 보고를 하고 회사에서 비용을 반만 부담해 주면 좋겠다고 허가를 받고(혼자 특혜를 받는 것 같아서였다) 서울 광화문 모 빌딩 교육장에 갔는데, 보험 판매왕, 야구 해설가 허구연 씨, 증권사, 자동차 등 각 분야에서 일등 한 사람들의 성공 실화를 듣는 것이었다. 여기서 내 인생을 바꿀 기회를 얻게 될 모멘트(Moment)를 만나는데, 바로 현대자동차 7년 연속 판매왕 국성현 씨였다.
　지방대를 나와서 딱히 기술도 인맥도 없이 현대자동차 영업소에 입사해서 하루 4-5km를 거닐며 차를 팔기 위해 고물상, 카센터를 누비며 계약이 되면 무슨 수를 써서라도 불편함이 없게 최선을 다했고 한 번 맺은 인연은 그냥 두지 않고 챙기고 불편함을 해소하면서 자기 돈으로 컴퓨터를 처음 구입하여 체계적인 관리에 자기가 월급 주는 대졸 출신 여비서와 자동차 A/S 직원을 두고 고객 관리에 월급의 1/2을 사용했다고 한다. 구파발에서 광화문까지를 오가며 물 한잔 얻어먹으러 일부로 들르고 다른 가게에 들러서 인사하고 그렇게 몇 년을 하니까 계약이 되었고 계약된 분과 끊임없는 관계를 지속하다 보니 대단한 사람으로 알려지게 되고 소개에 소개를 받았다고 한다.

초창기에 배고프고 힘들어 이 짓을 해야 하나, 고향에 계신 부모님은 대학 나오면 잘되어 잘 살고 있는 줄 아는데, 한탄하며 뙤약볕을 힘없이 걷고 있을 때 고물상 아저씨가 커피 한잔하고 가라고 불러줄 때 너무 감사하고 그분이 화물차 계약을 해줘서 나올 때 남몰래 울기도 했다고 한다. 대부분 지인이나 친인척 계약이 마무리되면 1-2년을 못 버티고 퇴사하는 자동차 영업에 7년간이나 판매왕이 되었으니 대단하기도 하지만 그 과정을 본받아야 한다고 다짐하게 된다. 그냥 열심히는 기본이고, 왜, 어떻게 그리고 사후관리까지의 자기 플랜이 있어야 된다는 것이다.

사무실에 앉아서 계속 있기도 뭐해서 팀장이나 부서원의 협업을 도와주러 대기업이나 협력사 등에 심부름을 가고 현장에 검사를 받으러 가기도 하고 서류를 만들어 전달하는 일 등 영업사원이 해야 할 일을 배우고 있고 가끔 전화를 받고 갔다 와서 보고하면 기존의 직원이 뛰고 있는 현장이라고 하면 어쩔 수가 없기도 하다. 그래, 내가 갈 곳은 없다. 기존 직원들과의 차별화뿐이다. 가정용 보일러는 경동, 귀뚜라미, 대성, 린나이, 롯데 등이 제자리를 잡고 있었지만, 산업용 보일러는 기존의 보일러가 부도를 많이 내는 시기였다. 썬웨이 보일러, 대한 보일러, 우성 보일러, 고려 보일러, 로보트 보일러 등 꽤 잘나가던 보일러사가 계속 부도가 나는 바람에 우리 회사가 단연 1위의 자리에 있게 됐다.

회사서 근무하다 나간 사장 동생이 H.K. 보일러로 창업해서 따라오고 있었지만 미미했고 회사직원이 퇴사하면 그쪽으로 좀 이동하는 정도였다. D 보일러는 일본 보일러 스타일로 국내에 선보이며 소형관류와 콘덴싱으로 영업을 주로 하는 편이었고. K 보일러는 열매 위주로 대형 쪽에 치중하고, 대구에도 몇 개 업체가 있었으나 오래가지 못하고 목욕탕 위주에서 산업용으로 R 보일러가 경쟁을 펼치고 있고, 대전의 DA 보일러도 부도가 나면서 사실상 우리 회사가 단연 앞서고 있었고 사장님의 경영방침이 화제가 되기도 했다. 라디오 기업 성공 다큐멘터리에 나오기도 했다.

그래, 나는 부도난 회사의 실적표를 입수하고 때론 신문광고의 공장 주소를 찾아 거래처를 뚫기 시작했다. 기존 영업사원들과 겹치지 않는, 전혀 다른 현장을 타깃으로 영업 현장을 바꿔서 설정했다. 그렇게 한 지역을 나가면 그 지역을 1-2일 거의 다 방문하고 우리 회사의 장점과 나의 성실성을 피력하고 고객의 소리를 메모하고 돌아오면 정리하고, 기술적으로 무슨 뜻인지 모르고 나의 사투리 섞인 말투를 분석하기 위해 "포켓용 보이스 녹음기"를 양복 윗주머니에 꽂아서 집에 와서 밤늦게까지 몇 번이고 들어보고 준비하는 습관을 취했다. 양복에 넥타이를 사계절 내내 메고 다니며 제조공장 굴뚝이 있는 곳은 어디든 내 고객사로 보고 그냥 지나치지 않게 됐다.

5개월 차에 접어들고 양주의 S 염색공장에서 첫 계약을 하고 밤이 어두워질 때 돌아오는데 그 기분은 희열 그 자체였다. 달님도 나의 열정과 노력을 축하해 주는 응원까지 받으며 수주의 행렬은 봇물처럼 터지기 시작한다. 홀로서기로 아이스 브레이크는 팀원들께도 기쁜 일이었다. 경쟁을 유발시키고 회사의 분위기는 더 좋아지기 때문이다. 연이어 오리엔트시계, 화학공장, O.E.M.식품공장, 제지회사 등으로 이어지면서 자리를 잡게 되었다. 딱 1년이 걸렸는데 그중 반은 출장이었으며 현장 관리까지 하느라 잦은 저녁 술자리가 이어져서 내 몸을 생각할 여유가 없었다.

통상 기존 사원이 퇴사하면 인계받아 영업을 진행하지만, 우리 회사의 기존 거래처가 아닌 곳을 수주하니까 직원들도 견제가 없고 팀장도 사장님도 좋아하는 눈치였다. 구매부에서 영업부로 온 지 1년쯤 지나서 구매 업무 중에 알게 된 S 버너회사의 김 상무님께서 서초동 회사 근처 빌딩의 다방으로 잠깐 만나자고 연락이 와서 내려갔는데 평소 구매 업무 볼 때 저를 관심 있게 봤다면서 영업부로 갔는데 "힘들죠." 했다. "아닙니다. 다 똑같죠, 뭐. 많이 도와주십시오."라고 했는데 대뜸 흰 봉투를 주는 게 아닌가. "이게 뭡니까?" "이걸 도 과장이 잘 활용하면 영업에 엄청 도움이 될 거다. ○○회사 본사 구매팀 차장을 잘 설득해 보라는 것."이고 이름과 연락처까지 주는 것이었다.

우리나라 대기업의 본사 구매팀을 뚫으면 1년 내내 물량을 확보할 수 있어서 엄청 큰 도움을 주시는 분이구나 생각이 들었고 그 이후의 일은 내가 할 몫이었다. 봉투 안에는 200만 원이 있었는데 내 월급의

2배가량이니 큰돈이었다. 간혹 공장에 갈 때 구매 업무 시 알았던 분이 "힘들지요?" 하면서 10-20만 원을 용돈으로 받은 적은 한두 번 있었지만 이런 경우는 없었기 때문에 여러 가지 생각이 들었다. 그 즉시 대기업을 노크하고 방문해서 기다리고 또 연락하고 한편으로는 공장으로 가서 원동과와 기관실을 방문하고 기술 미팅도 하고 상사의 도움으로 제안서도 내고 양쪽을 성가시고 끈질기게 드나들었다.

드디어 견적을 제출하게 되고 적절하게 그 돈도 사용하면서 수주를 하게 되었다. 큰 회사는 첫 등록이 제한되어 있기 때문에 처음이 힘들지, 그다음은 쉬운 편이다. 물론 임원진의 이동에 따라 바뀔 때가 있고 특히 결정권자(Key Man)가 어떤 학교 출신인가에 따라 거래가 좌우되기도 한다. 도움을 주신 김 상무님은 그 후로 중국지사로 가셨다는 것과 그곳에서 정년을 맞고 또 다른 사업을 하신다는 소식만 듣고 후임자에게 이런 얘기는 했지만 직접 연락 한번 못 드렸는데 정말 미안하고 감사하다는 말을 전하고 싶다.

부서 이동 후 사내에서는 6개월 못 버틸 거라고 길어야 1년이란 소문과 더군다나 구매에서 영업을 한다고 그렇게 만만한 게 영업이 아니란 말이 돌았다. 키만 크고 순하기만 한 것이 온전한 엔지니어도 아니면서, 하는 말이 들어가 버렸다. 장치산업의 기술영업은 수주에서 생산으로 끝나는 게 아니라 계약에서 승인을 득하고 생산, 납품, 품질까지 챙기면 현장에 가서 갑에게 진행 과정을 자주 보고해야 하며, 시운전까지 이상 없을 때, 설치검사(에너지관리공단)가 끝나면 비로소 세금계산서 발행을 협의하게 된다. 물론 수금까지 끝나야 일단락 되지만 사후관리가 되지 않으면 재계약을 하는데 위험이 도사린다. 영업에 탄력을 받기 시작하면서 전국 공단을 돌아다니며 생산품도 궁금하고 생산 라인이 어떻게 진행되는지 회사의 관리상태나 근무자의 행동 등도 비교해 보면서 각 분야의 사람들을 만나는 것이 즐겁기까지 했다.

어쩜 나의 적성에 딱 맞는 것이 기술영업인 것 같았다. 뛰면서 부딪치고 배우고 주는 것, 그리고 맞는 희열은 보람으로 이어진다. 물론 그 사이에 와닿는 인간으로서의 자존심까지 밑바닥으로 떨어짐도 당하고 상처가 있기도 하지만 세상에 그저 쉬운 것이 있을까. 그래서 지금 사업을 하면서도 기술영업부원들을 많이 생각하고 지원한다. 딴 부서도 중요하지만, 매출 없는 회사는 사라질 뿐이다. 기술과 품질도 판매와 연결이 안 되면 기업은 존재가 되지 않는다. 수주가 뒷받침되니까 그런 것이 가능했고 노력만큼 와주니까 보람도 있었다.

거꾸로 발상하기와 기존방식 탈피, 고객 관리 철저, 모자람의 보충 공부 등이 국승현 판매왕의 강의교육과 그의 저서가 많은 도움을 준 것이다. 여기서 잠깐 그의 저서 《물처럼 자유롭게 물처럼 강하게》 내용을 일부 소개해 본다.

판매란 끊임없는 노력과 인내 그리고 육체적, 정신적 고통을 감수하고 끈질긴 승부 근성과 번뜩이는 재치가 필요한 일이다. 아무리 훌륭한 제품이라도 그것을 돈으로 환산되는 판매의 최종 단계를 거쳐야만 생긴 이득으로 회사를 운영할 수 있다. 말로는 회사의 꽃이라고 하면서 실제로 그만한 대접도 않고 오히려 멸시하는 옛날 풍토를 이어가고 있다. 그만한 대우가 없기 때문에 이직률도 높고 전문분야가 세분화되어 가르치는 대학과정도 없지 않은가, 이런 모순점들의 문제도 결국 영업맨의 일이고 자기 몫이다.

직장인의 성공은 소속한 조직과 함께 수명이 이어지고 오직 자기 능력, 자기의 실적, 그리고 성실, 정직 이런 것들이 수반되어야 가능하다. 명함을 줬는데 쓰레기통에 들어가는 걸 보고 돌아 나올 때 자존심도 상하고 순간 내가 제일 밑바닥 인생 같은 비참한 마음이 들었다. 직장인이라면 직장을 소중하게 여기는 사람만이 성공하는 사람이 될 수 있으며 자신의 직장에 대해 고마운 마음을 가져야 한다. 자만하지 말고 조직 속의 한 부분이라는 것을 잊어서는 안 된다.

결국 회사에서 열심히 일하는 것은 자기 자신을 위해 일하는 것이다. 그렇게 열심히 일하도록 해주고, 먹고 살 수 있게 해주고 때로는 명예까지 얻게 해주는 회사에 대해 감사하는 마음을 잊어서는 안 된다. 프로와 초보의 공통점은 바로 완벽을 추구한다는 것이다. 비록 결과는 하늘과 땅 차이지만 서로 완벽하다는 것에는 일맥상통한다. 그래서 슬럼프에 빠지면 초보 시절을 생각하고 원점으로 돌아감으로써 반드시 그 해결의 실마리를 잡을 수가 있다.

자기가 속한 조직에 대해 감사하는 마음, 처음 입사 때의 마음자세를 잃지 않음으로써 진정한 프로, 진정한 톱을 만드는 원동력이다. 대화 중 상대가 계속 이야기를 할 의욕이 나도록 부채질을 해야 한다. 맞장구를 치거나, 감격스러운 감탄사를 발하는 것이 그 요령이다. 세일즈맨은 하나의 연기자가 되어 상대의 분위기, 표정, 느낌에 따라 물처럼 수시로 자유자재로 변신해야 한다.

강아지가 무서운 주인 앞에서 발발 떠는 모습은 측은해 보이기도 하지만 때로는 귀엽게 보이기도 한다. 필요하다면 벌벌 떠는 강아지 모습까지 연출한다. 그것조차 보다 나은 세일즈를 위한 일이라고 생각하기 때문에 비굴하다거나 비참하다는 생각은 들지 않는다. 자유자재의 변신이 요구되는 톱스타이니까.

고객이 자신의 힘을 한껏 뻐기고 싶어 할 때면 나는 비서가 회장을 모시듯, 조심스러운 자세로, 충성스러운 모습으로 변신한다. 아무리 친하고 믿는 고객이더라도 방심해서는 안 된다는 것, 그리고 최고 결정권자로부터 맨 아래 직원까지 어느 하나도 소홀히 해서는 안된다. 그리고 비록 어려운 상대라 하더라도 끈기 있게 접촉을 시도하고 연구하면 반드시 그 길이 보이고 또 친해질 수 있다는 것이다.

영원한 자기 고객이란 이 세상 어디에도 없다. 또한 고객은 결코 기다려 주지 않는다. 항상 필요에 따라 변하는 것이 고객이다. 프로 세일즈맨은 처음 본 사람도 정신적으로 10년 이상 사귄 사람처럼 친해야 하고, 언제 어디서나 타임머신을 조종해서 고객을 스스럼없이 상대할 수 있는 기질이 있어야 하며, 스스로 그런 기질을 만들어야 한다.

자기 거래처의 회사맨이 되려고 노력하고 그 회사의 제품을 선전하며 사용하면서 회사의 발전을 진심으로 기원하고 거래회사의 발전이 곧 나의 발전이기 때문이다. 모든 것은 자기 생각에 의해서 만들어지기 때문에 긍정적인, 행복한, 잘된다는 생각을 가지고 행동해야 하는 것이다.

- 《물처럼 자유롭게 물처럼 강하게》 발췌 -

배신자와 악어 이빨

영업 업무가 플랜트 담당과 일반 담당으로 나뉘어 관리가 되고 있었는데, 플랜트는 지역 난방 위주의 대형 위주로, 일반팀은 기존 산업용

으로 운영이 되었는데 상호를 ㈜D.B중공업으로 바꾸고 기업 상장도 하게 된다. 영업 2년 차에 차장으로 진급을 하면서 팀장이 되고 팀 목표가 30억으로 주어지고 부담도 컸다. 전체 목표가 일반팀이 약 100억 정도였으니 힘든 목표도 아니게 보이지만 한 건 평균 금액이 5,000만–1억 원이었으니 30건 이상을 해야 하는 수치다. 입사가 나보다 빠른 A/S 부서에서 온 과장 1명과 주임 1명 셋이서 목표 달성을 위해서 부지런히 뛰어야 했다. 그런데 짬밥이 많고 동료들과도 친하다 보니 은근히 말을 놓는가 하면 구렁이가 기어가듯이 자기 스타일로 하는 것이다.

마침 거주지가 같은 쪽이라 내가 과장 집 쪽으로 가서 불러내기도 하고 선물을 사 들고 집으로 찾아가서 술도 먹고 친해지려고 애써서였는지 크게 신경 쓸 지경은 아니라 다행이었다. 각자 연 목표와 월 목표 계획서를 작성하고 서로 공유하며 열심히 뛰었다. 이때 차량은 개인 차량이라 감가상각으로 따지면 많이 뛰는 사람이 부담이 크고 연료비도 직급별로 줘서 모순점이 있었지만 일단 열심히 성과를 위해 일했다. 상반기 결산 회의를 마치고 작지만 인센티브를 받아 분배하고, 사장님이 팀장들을 불러 회의 도중에 애로사항을 말하라고 해서 각오를 하고 진언했다. 건방지다고 보지 마시고 들어주시길 바란다고 말하고는 현재 진행되는 영업부의 차량 유지비를 많이 뛰는 사람이 더 받아야 된다, 물론 결과로는 아니지만 더 열심히 하는 사람의 최소한 차량 비용 부담만큼은 덜어주는 게 좋겠다고 해서 적용을 받기도 했다.

우리 팀은 목표 달성을 했지만 사장님은 개인별로 집계를 내고 누가 얼마를 어느 현장을 어떻게 계약한 건지를 다 알고 있어서 사실 개인 플레이나 다름없었다. 4년 차에 들면서 플랜트성 대형보일러가 생각보다 성적이 나쁘면서 경쟁이 더 치열하게 되고 수의계약에서 공개경쟁이 되니까 임원들이 경쟁회사로 가고 회사는 이미 플랜트로 전향을 해버렸고 매출은 더 악화되면서 상장회사의 진퇴양난인 것처럼 되었다. 나는 기존사업 일반팀 부장으로, 또 1명은 플랜트 부장, 임원도 없는 상태서 운영되고 있었다. 이때 사장과의 독대 시간이 많아지면서 경영관리에 대해 많이 보고 배웠다. 겉으로는 대단해 보이지만 늘 지쳐 있고 웃는 날보다 우울한 면이 더 많았고 후임자(아들) 문제도 맘대로 안 되고 직원들은 충성심보단 보여주기식 이기주의에 빠져 있는데 훌쩍 커버린 회사 규모 인력의 배신 프레임까지 겪는 것 같았다.

　가끔 운전을 못 하는 사장님을 모시고 여의도까지 가면 꼭 집 앞 빵집에 들러서 한 움큼 쥐여주면서 애들에게 갖다주라고 하는 다정한 면도 볼 수 있었고, 언제나 회사와 현장 생각에 차 안에는 온갖 책과 직원 신상명세서를 지니고 있기도 했다. 또한 시골 부모님에게는 효자였고 항상 독서와 공부를 게을리하지 않고, 남몰래 불우이웃돕기랑 대학 장학금도 많이 기부하고, 대한민국 기능 경기대회 일도 참여, 후원하는 멋쟁이였다. 나는 영업하면서 우리 회사는 욕해도 사장님을 한 번도 욕하지 않았다. 내가 몸담고 일하는 회사의 대표인데 불만은 있어도 남에게 욕하면 내게 욕하는 것이고, 가정을 보면 아버지를 욕하는 것이다. 한마디로 호로자식 같은 사람이 된다.

　한번은 성남의 모기업에 영업을 갔는데 기관장이 우리 회사에 대해 잘 알고 있었고 대표의 얘기도 하는데, 듣기 싫을 정도로 나쁜 말을 계속해서 다 듣고는 "저는 오늘 처음 왔는데 경쟁사의 직원들이 많이 왔다 갔나 봅니다. 영업한 지 오래되지 않아 딴 회사 이야기인 줄 착각했습니다. 6년을 다녔는데 전혀 아닌 것이 많아서 저도 혼란스럽습니다. 어쨌거나 오늘 시간 내줘서 감사하다."고 하고는 그 뒤로 서너 번을 더 오가며 조금은 서로를 알게 되었다. 어느 날 보일러에 대해서 절감 방법, 투지비, 현재 사용 중인 것의 상태와 공사 범위 등 업무적인 이야기가 끝나자, 나에게 사장 친인척이냐고 물었다. "아닙니다. 왜 그렇게 생각하느냐."고 했더니 기관실에 오래 근무했는데 많은 회사의 영업직원 및 간부가 오가는데 남 회사 비방을 안 하는 사람, 자기 회사 사장을 좋게 말하는 사람은 당신뿐이라서 물어본다고. 그렇게 또 보일러를 수주하게 되고 오랫동안 친하게 지냈다. 다음 해 임원분들과 기존 직원 일부가 이런저런 이유로 그만뒀는데 동생 회사로 가거나 영업소장으로 사업장을 별도로 내는 일이 생기고 영업소까지 관리해야 하는 부장이 되었다.

　대기업에서 오신 부사장, 전무, 상무 등이 1년도 안 되어 그만뒀는데 중소기업과의 체계가 다른 것도 있지만 중소기업은 오랫동안 성과 없이 버틸 수는 없기 때문이다. 말하자면 본인이 뭔가 기여해야 하고 그렇지 않으면 팀원들이라도 성과를 낼 수 있게 도움을 줘야 하는데 사장은 비용만 늘고 오랫동안 기다리지 않는 것이다.

　1988년 올림픽 이후 경기 호황으로 인한 과잉 유통자금으로 의해 서울 지역을 중심으로 일기 시작한 집값 및 전세의 폭등이 전국으로 확산되고 사회 문제로 대두되어 주택 가격을 진정시키고자 대규모 주택 공급을 결정하게 되어 수도권 5개 신도시(분당, 평촌, 일산, 중동, 산본)가 형성되면서 거기에 들어가는 열병합 발전소의 보조 보일러가 대기업이 아닌 중소기업이 선정하도록 되어 있어 좋은 기회를 잡은 것이다. 그동안의 산업용(공장) 스팀보일러에서 지역난방 체계에 들어가는 대형보일러(100톤 이상급)를 수의계약 하면서, 한 건이 1년 목표치가(156억) 되니까, 그것도 수의계약이니까 그쪽으로 인력과 방향을 틀게 되었다.

삼성중공업에서 인력이 오고 대림건설 등 대기업 근무자가 대거 오면서 그동안의 기존 직원들은 이동이 심하게 요동쳤고 나에게도 스카우트 제의가 왔으나 거절했다. 이유는 그 회사가 얼마 못 간다고 생각했고 일시적인 사탕, 과자는 빨리 녹는다는 내 철칙이 있기 때문이다. 한번은 우리 회사에서 근무하다 일개 부서가(플랜트부) 타 회사로 옮긴 경우도 있는데, 다른 사업을 하는 사업주에게 에너지 사업을 하면 대박이다, 우리가 할 수 있다고 꼬드겨서 전무이사가 팀원들을 모두 데리고 쿠데타를 일으키듯이 빠져나가서 경쟁사를 차린 경우다. '이건 아니다.'라고 고개를 흔들었다. 사장이 마음에 안 드니까, 아님 이용을 당했다고 생각이 들어도 지금까지 3-4년 동안 근무했던 곳을 무너뜨리려고 작정한 거지, 혼자나 아님 2, 3명이면 몰라도 떼거리로 하는 짓을 보면서 나도 한때 좋아했던 사람인데 "저런 건 도리가 아니다."라고 욕을 해주고 싶었다. 더욱이 대기업에서 임원도 하고 실력도 있고 나이도 있는 분이 저런 식의 마무리라니. 또 어떻게 만날지도 모르는

데, 사람은 끝이 아름다워야 인생도 아름다워진다고 농사짓던 부모님이 자주 말씀하셨는데 안타깝다. 결국 그 회사는 얼마 못 가서 부도가 나고 직원들도 뿔뿔이 흩어지고 자금줄 댄 주인 업체 사장도 당한 꼴이 되었다. 직원 중 일부는 다시 오고 2년 후 그분도 다시 왔는데 받아 준 사장도 이해가 안 갔다(지금은 일부 이해가 간다). 6개월쯤 지나 그분은 또다시 나갔다. 옛말에 "한 번 배신한 사람은 또 배신한다."가 딱 맞는 말이다. 그래서 나는 이직을 많이 하는 사람을 보면 실력이 있어도 별로 정을 주고 싶지 않다.

연말 브리핑이 끝나고 인센티브로 1,000만 원과 회사 주식 5,000주를 받았다. 이 주식증서는 단서가 붙어 있다(5년 후에 **현금화시킬 수 있는 조건부이다**). 그러니까 5년을 더 근무하면 준다는 것으로 장기근속 유도용인데 나 외에도 몇 분 있었는데 아이러니하게도 그 기간을 채우는 분이 거의 없다는 것이다. 나는 500만 원은 나를 믿고 응원해 주며 아이들에게 아빠 노릇을 못 해 미안해서 아내에게 보너스로 주고, 500만 원은 재영업하는 비용으로 활용했다. 계속 수주를 하는데 윤활유 역할을 해주기 때문이다. 아직은 영업하는데 비용 없이는 쉽지가 않을 때가 많다. 뒷날 어떻게 알았는지 사장님이 500만 원을 더 주시며, 도 부장은 "악어 이빨이야, 대단해."라고 하셨다. 칭찬인지 격려인지 기분이 나쁘진 않았다. 한번 물면 놓지 않는 악어의 이빨 영업맨의 자세라고 믿는다.

우리가 주춤하는 사이에 H 보일러가 급성장하고 있었다. 이 회사 저 회사에서 퇴사하면 어김없이 그쪽으로 가서 경쟁을 하게 된다. H 회사

사장은 우리 회사에서 같이 근무한 적은 없으나 배운 실력인지는 몰라도 이 업종에서 영업 잘한다고 소문이 났지만 나는 한 번도 본 적이 없다.

정년퇴직 고위공직자들을 적절히 활용하는 마케팅 전략이 매출을 급성장하게 하고 플랜트 대형까지 우리와 가장 많이 부딪치는 대상이 되었다. 가끔 지원하러 나올 때 인사는 하지만 그분이 어떻게 잘하는지가 궁금했다. 처음 본 내게 반말하는 것을 보면서 그리 좋아 보이진 않았다. 내가 모시는 사장님과는 전혀 달랐다. 형제지간인데 얼굴만 닮았나 보다, 생각했다.

한번은 대단위 아파트 중앙집중난방 보일러 교체 공사 현설회에 혼자 왔길래 정중히 인사하고, 현장설명 및 기술 사양 검토가 끝나서 모두 인사하고 헤어졌다. 기술 사양과 현장 조건 등을 세심히 봐야 경쟁입찰에서 이길 수 있기 때문에 애매하거나 한 현장을 확실히 파악하기 위해서 담당자에게 전반적인 정보를 듣는 식의 업무을 하고 가는 스타일인데, 점심시간이 되어 식사 후에 다시 그 현장으로 갔다. 그런데 아니 이분도 와 있지 않는가. 그래, 이분이 실적이 좋은 건 나와 같은 분석 전략이 있구나, 생각하게 되었다.

그 후론 나에게 좋은 경쟁자가 생겼다고 보고 나름 그렇게 정리했는데 그분은 건방지다고 할지도 모르지만 내 경쟁상대로 자리매김했다. 어떤 일을 하면서 이 분야 최고인 사람을 경쟁자로 정해놓고 마음을 먹고 이기려는 자세에서 노력과 방법을 생각하다 보면 경쟁자의 장단점까지 알게 되고 무한 경쟁시장에서 결과와 만족이 커지는 것을 경제학 용어로 경쟁의 법칙이 아니더라도 알 수가 있다.

마치 정유재란 때 이순신 장군이 명량해전에서 12척의 배로 133척의 적군에 맞서 싸우던 양상과 흡사하다. 자신에게 유리한 조건을 최대한 활용해서 한다는 것, 조류의 방향과 좁은 지형을 최대한 활용해서 싸웠던 것이다. 무엇보다도 싸우고 싶은 장소에서 싸우고 싶은 시간에 싸울 수 있었다는 것, 그게 중요한 조건이었지 않나 싶다.

5분 후 출발

오늘은 큰아이의 둘째 공주 채이의 100일 기념식과 점심식사가 예정되어 있는 날이라 며칠 전부터 9시에는 출발해야 한다고 했다. 주말

인데도 평일보다 먼저 일어나서 아내는 밥상을 차리고 일어나라고 깨운다. 이불을 개고 창문을 열며 바깥 날씨부터 보는 순서로 시작된 오늘, 식사부터 하고 평소와 같이 보미에게 물과 밥을 챙겨서 채소나 풀 등을 함께 챙겨주고 내려오면 작년에 옮겨 심은 자두나무에 나의 소변을 뿌린다. 나름의 요소비료라고 생각해서 가끔씩 일부러 주는 것이다. 호박과 과일나무에만 아내 몰래 주는데 알면 또 잔소리에 냄새 폭탄까지 맞을까 봐 조심스럽다. 그런데 자두가 얼마나 싱싱하고 크고 잘 영글어 가는지 약간 덜 익었는데도 1개 또는 2개를 따서 팔 소매에다 대충 닦아서 입속으로 들어오면 나와 한 몸이 된다.

 남은 자두도 그런 운명이지만 미워하진 않을 것이다. 봄부터 고생도 같이하고 돌봐주면서 우리는 한 몸이라고 서로가 알고 있기 때문이다. 잠깐 동안의 자두와의 대화와 한 몸이 된 뒤 10걸음을 옮기면 올봄에 청주에서 태어나 3개월 정도 지내다가 우리 집으로 입양된 정원수가 정성을 들인 노력을 인정해 주는지 제법 파릇하게 자태를 뽐내며 조잘거리며 말을 건넨다. 그 옆에는 둘째 아이가 키우라고 권유한 단호박이, 또 한쪽에는 더덕줄기가 원통형의 그늘막 아지트 쇠붙이 울타리를 잡고 씩씩하게 올라가며 울창하게 번져, 같은 눈높이에서 인사를 하는 예의 바른 행동을 한다.

 그런데 정원수(에메랄드그린, 써니텐, 문그로우, 허리케인, 스카이로켓) 중 몇 아이가 곁에서 자기를 괴롭히며 기생하는 잡풀들 때문에 너무 힘들다고 하소연한다. 바빠도 외면할 수 없어서 허리를 숙여 장갑도 없이 괴롭히는 풀을 강제로 제압해서는 어쩔 수 없이 희생을 시키면 금방 시간이 가고 7월 중순의 날씨에 땀은 나의 속옷과 겉옷까지 짠물로 스며든다. 아침마다 풀과의 전쟁이 치러지는 요즘 장마철의 일과이기도 하다. 하지만 오늘은 영업시간을 일찍 단축하고 집 안으로 들어간다.

아내가 "오늘은 5분 전 출발을 못 하겠네요." 하는 것이 아닌가. 나이가 60이 넘어가면서 나의 단점을 지적하는 아내의 말이 실감 날 때가 많아진다. 언제나 나 위주의 생활패턴에 맞추는 게 힘들고 끌려가는 상태였다는 것이다. 남자는 자기 몸을 씻고 화장하고 옷 입으면 갈 준비가 다 되지만 여자는 아이들의 준비물이랑, 여행준비물을 챙기고, 설거지하고, 화장하는 것까지 1시간은 더 걸리는데 이런걸 감안하지 않고 늦는다고 화를 내고 트집을 잡는다는 것이다. 가다가 길이 막혀 배가 고프면 출발이 늦어서 사전 준비를 미리 안 해서 그렇다고 짜증내고 이런 것들로 많이 참고 버텼는데 이제는 좀 바뀌었으면 좋겠다고 하는데 백번 인정하고 변화를 시도하고 있다. 다행히 요즘은 이것저것을 시켜도 잘 따라주고 협조해 줘서 고맙다고 한다. 생각해 보니 돈 번다는 이유로 집안 살림만 하는 아내에게 모든 걸 맡기고 무조건 몰아치고 헌신만 요구한 것 같다.

오늘 아침 다섯 번째로 간 주일예배에서 선재교회 김주환 목사께서 인생에서 보여주기 위한 삶이나, 알아주기를 바라는 삶으로 살지 말고 내 안의 참삶이 주님과 함께하는 거라고 하신다. 언제나 떳떳한 행동, 사랑의 가슴으로 현실에 감사할 줄 아는 사람, 나를 부인할 줄 아는 삶 더 많이 가지는 것보다 나누고 배려하는 삶으로 그것이 주님과 함께하는 것이라고 한다. 지난 나의 삶은 내 주관대로 주장만 내세우고 합리화시키며 주위에 사랑하는 사람들에게 상처를 준 것을 깨닫는다.

　아이들에게도 나의 방식대로 내 말이 다 맞는 것처럼 살아온 것도 회사에서 직원들에게도 무리한 지시와 언행으로 상처받게 한 것도 나의 부족함과 고집, 아니 아집이 나은 산물이다. 옛말에 남자는 죽을 때가 되면 철이 든다고 하던데 지금이라도 알았으니 다행이다.

　아이들이 출가하고 잘 살아가는 걸 보면서 우리 때와는 너무도 다른 부부관계를 보면서 괜히 더 부끄럽고 죄송한 마음이 와닿는다. 담 달에는 막내의 첫아들 재욱이가 첫돌을 맞는데 벌써 기다려지는 건 손주도 보고 싶지만 우리 아이들의 아름다운 부부관계를 더 보고 싶어서일 것이다. 그날은 5분 뒤 출발이 아닌 50분 전에 집안일 도와주기로 점수를 따야겠다.

사업을 시작하다

1997년 말 성과급과 사내 주식(조건부)을 받고 내년을 설계 중일 때 회사의 방침이 지금의 내가 주로 하는 중 소형의 아이템에서 최근 몇 년간 실적과 인원들을 구성해 본 열병합 대용량으로의 목표가 완전히 기울어지면서 내 갈 길을 선택할 기회도 없이 나와야 하는 기로에 섰다. 팀원께 사실을 말하고 사장님께는 영업소를 하고 싶다고 하면서 사직서를 내고, 지금 하고 있고 10년간 해왔던 아이템을 가지고 독립을 하기로 굳힌다.

어느 정도 자리가 잡히면 팀원들도 합류하기로 하고 퇴직금 1,500만 원으로 영등포 대웅빌딩 옥상 사무실을 임대하고 컴퓨터 2대랑 책상 3개를 준비하고 세무서에 가서 사업자등록증을 발급받았다. 급하게 하느라 상호를 대충 "동양열산업(주)"으로 했는데 이게 나중에 후회를 가져오게 한다. 사람의 이름이 중요하듯이 브랜드의 가치가 얼마나 중요한 건지 이 건으로 인해 상표 위반 소송까지 가게 된다.

이때만 해도 사장께서 영업소는 동양을 넣는 것을 좋아하는 것으로 판단했고, 실지로 그렇게 하는 걸 자랑하기도 했다. 동양산업으로 하려니 출신 중에 설비하는 김 사장이 있고 해서 사명을 정해버렸다. 개인 사업자로 할까, 하다가 지금껏 보아온 경험과 공부한 경제학 관점에서도 확실하고 뚜렷하게 하는 것으로는 법인이 합당하다고 봤다. 그리고 본사와의 영업소 체결도 약식으로 할 게 아니라 법무사에 가서 정식 계약서를 작성하고 담보 물건을 넣고 확실하게 하는 게 좋을 것 같아서 사장께 보고 후 총무 담당께도 알려서 과거의 무수한 영업소와는 다른 개념을 갖고 출발하게 되었다.

1998년 초 사회적 혼란으로 인해 규범이 사라지고 가치관이 붕괴되면서 나타나는 아노미(Anomie) 현상 탓도 있지만 서로 합리적인 규약에 의거해 운영되는 게 옳았고 불평불만으로 관계가 깨지는 것을 봤기 때문이다. 주식회사는 상법상으로 주주가 3명 이상과 감사가 선임되어야 했기에 차명으로 등재하는 수밖에 없었다. 뒷날 이 관계를 사실대로 입증하는 것도 경영에 골치 아픈 일로 둔갑한다.

이때의 IMF 사태는 예금금리가 20%가 넘었고, 실업자들이 거리에 넘쳐가고 자영업자들이 급격히 증가했으며 갑작스러운 벼락거지로 전락한 사업가의 사망 소식 등으로 나라가 뒤집힐 듯 위태로운 지경에 처해 있었다. 대기업(대우, 기아, 한보, 대농그룹 등)은 망하고 은행들(동화, 경기, 충청, 대동, 동님 등)이 시장에서 퇴출되어 은행도 망하고 평생직장의 개념도 사라지고 평생직업이 생존을 보장받는다는 패러다임이 직장인들 사이에 자리 잡는 계기가 되었다.

이런 상황 속에서 사업을 시작하는 것이라, 아내에게는 두 아이와 살 수 있는 최소 비용(월 100만 원)만을 3년 동안 줄 수밖에 없다고 하고 그래도 우린 시골에서 쌀을 받기 때문에(본가 1가마, 처갓집 1가마) 얼마나 다행이고 굶어 죽지 않게 되어 감사한 일이지 않냐며 서로 위로하며 지냈다.

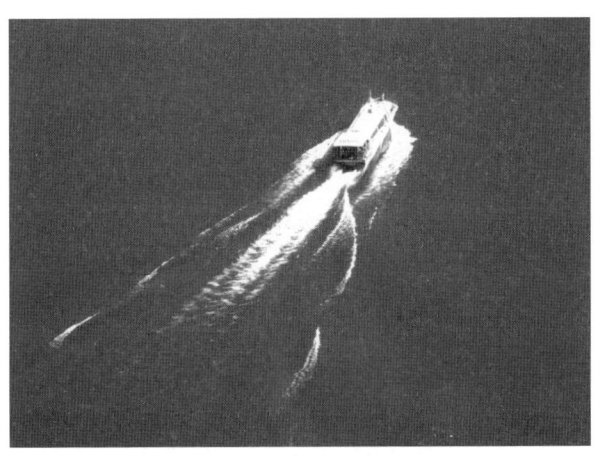

얼떨결에 사업을 시작했지만 힘차게 전진하는 동양보일러뱅크(주)

10년 동안 별 보고 나갔다가 별 보고 들어오는 하숙생 인생이었는데 지금부터도 그대로 이어가면 안 될 것이 없다는 확실한 믿음으로 큰 걱정은 안 했다. 가치 있는 것을 얻으려면 기회비용은 감수해야 하는 법. 하물며 밥벌이를 하는 큰일이며(직원들도 챙겨야 되고) 나아가서 사회에 기여하는 일꾼이 되려면 관계의 비용을 일시적으로 유보시켜야 한다. 가족과의 관계, 부모와의 관계, 친구와 친인척 관계에 소홀해지지 않고는 내가 원하는 바를 얻기가 어려워진다.

10년 동안 상장기업에 근무하면서 7년 만에 평직원에서 부장(**팀장**)까지 진급했는데 그것도 기획, 구매팀 과장에서 영업부장까지 하면서 나에게 혹독하리만큼 일밖에 몰랐는데 사업을 한다고 안 될 게 있냐는 당찬 각오로 목표를 향해 나아갔다. 산업이 있는 한 동반해야 할 중요 기계이며 제품이 잘 만들어지기 위해서는 꼭 있어야 하기 때문에 기술 미팅과 설계, 제작, 설치, 사후관리까지의 장치산업 특성을 관련 부서와 긴밀히 협력 및 협조가 되어야만 윈윈 관계가 이어진다.

삼성전자, 현대자동차는 본사에 인계를 해줬기 때문에 영업을 하지 않았고, 기타 업체는 본사 직원들이 가지 않는 곳 위주로 뛰고 어쩔 수 없는 곳은 선의의 경쟁을 펼쳐야 했다. 우리만의 문제보다도 타 회사와 이길 수 있는 사람이 뛰는 게 결국 승자이기 때문이다. 이런 문제로 본사와의 관계도 어려움이 많았다. 그럴 때마다 찾아뵙거나 전화로 설명하기도 하지만, 우리끼리 싸우다 정작 타 회사에 뺏기는 현실이 많아지면서 한발 물러서서 작은 건수에 집중하여 실속을 찾기도 했다.

차츰 본사는 대용량에 치우치고 다니던 직원들도 나오면서 본사와는 물품을 조달하는 것과 납기 외는 큰 문제가 없었으나 뒤에 나온 직원들과의 경쟁은 치열해져 갔다.

첫 번째 위기

　1999년 평택공단의 D 섬유회사의 7톤 프로젝트를 수주하여 본사에 미리 본체 발주를 주고 나머지 부대품 등은 직접 관리하여 구정 연휴 기간 내에 마치는 조건이라 세밀히 계획하고 준비해서 진행했다. 철야를 하면서 겨우 기한 내에 조립 설치는 마치고 버너만 독일제로 부품 중에 제일 비싼 제품인데 기존 설치된 것을 재활용하는 것이라 버너회사에서는 신규 아니면 자기 직원을 구정 때 보낼 수 없다 하여 경력과 실력을 인정받은 분을 소개받았다.

　사전에 정년퇴임자와 구정 때 하는 조건으로 계약금을 걸고 계약을 하고 연휴 중에도 와줘서 고마웠다. 이제 남은 부분은 전기 계장품의 점검과 시운전이라 맡기고 공장 담장 옆 길가에 세워진 차에 가서 잠깐 눈을 붙이고 와도 될 것 같아서 단잠을 자는데 20분쯤 지났을까, 본능적으로 이상한 냄새가 나는 것 같아 잽싸게 뛰쳐나가 현장을 갔다. 시운전 전에 전기결선 단동 테스트를 하는 것인데 결선을 한 군데 묶어뒀다가 테스트 후 분리하려고 한 것을 깜빡 잊어버리고 계속 딴 작업을 하고 있었던 것이다.

 점화가 된 상태에서 보일러 동체에는 물이 없고 덕트에 불이 붙었고 동체는 뜨겁게 달아오르는 것이 아닌가. 그것도 모르고 콘트롤판넬 앞에 앉아서 결선을 계속하고 있는 기술자에게 일어나라고 고함치며 일으키고는 차분히 스위치만 끄고 그대로 피하라, 아무것도 건드리면 안 된다. 내가 배우고 목격한 대로 인명피해를 최우선으로 피신시키며 지휘를 이어갔다.

 보온이 안 된 상태라 확 타는 것이 아니기 때문에 공장 내 다른 곳으로 옮기는 것을 치우고는 주위를 보면서 한발 물러서는 안절부절 당황은 하지만 침착히 대응하는 모습을 그쪽 공장장과 담당 과장도 와서 보고 있었다. 압력용기는 매우 위험한 열기기라 허가된 업체에서만 제작하고 자격을 갖춘 업체가 설치, 시공하여야 한다. 그래서 설계부터 제작, 용접, 구조검사를 한국에너지관리공단에서 검사자가 매번 나와서 하는 것이고 현장 설치 시에는 제대로 설치되었는지 테스트 완료 검사합격을 해야 운행을 하는 것이다.

 보일러 본체의 철판이 뻘겋게 달아오르고(포스코 생산 특수강판) 후면에서 연기가 나면 이때 급하게 스위치를 작동하든가 물을 넣을 경우 폭발과 함께 걷잡을 수 없는 사고로 이어지기 때문에 스위치만 "Off" 상태서 물러나서 주위 단속과 함께 기다려야 한다. 사고를 일단 수습하고는 공장장실에 가서 자초지종 보고를 하는데 당장 수출 물량 건으로 손해가 이만저만이 아니라는 것이다.

"무조건 잘못했고 처분을 달게 받겠다. 다만 지금은 이 문제보다는 생산에 차질이 최소가 되도록 하는 게 급선무라 가동 전까지 저에게 맡겨달라, 내 모든 걸 걸고 처리하겠다."고 하고는 대체품을 찾아 여기저기 중고제품까지 수소문하고 본사에는 신규로 선발주 하는 데 제동이 걸렸다. 제품값을 50% 선입금 하라는 것이다. 불난 집에 부채질도 아니고 야속하기만 했다. 할 수 없이 선급금을 30% 입금하고 나머진 인수 전에 하는 것으로 하고 납기 단축을 해달라며 애원했다. 40일간 대체품이 있어야 하는데 쉽지 않았다. 궁리 끝에 중고관류형을 2대 임시로 설치해서 제품의 생산량에는 못 미치지만 70-80%에 근접하도록 할 테니 협조 및 양해를 구했다.

관류보일러는 주로 빌딩 목욕탕 위주의 사용처였는데 일본에서는 꽤 알려진 소형으로 지속적인 스팀 발생과 질에는 열세이지만 장소와 초기비용 면에서는 장점도 있는데 시스템 냉난방 체계로 가면서 수요가 급격히 줄자, 최근에는 일본의 마케팅 전략과 기술력 향상으로 우리 시장인 산업체로 방향을 돌려 고가정책으로 비중을 넓히고 있다. 세심한 데이터와 일본 견학 및 외국계 지분이 많은 업체는 시장을 거의 장악하는 수준에 이르렀다. 평소에 알고 지내던 중고업체 정 사장이 보유하고 있는 것을 급히 구하고 또 철야 작업 끝에 별도의 라인과 임시탱크까지 설치 후 2일 만에 스팀생산을 하게 되었다.

일단 안도의 한숨은 돌리고 있는데 갑 측의 사장님께서 찾는다고 해서 불려 갔다. 담당 과장과 공장장께서 올린 보고서를 보시며 계약 금액이 2억 5,000만 원인데 피해액이 5억이라고 하며 마지막까지 최선을 다하고 또다시 보자고 했다. "제가 잘못해서 피해와 신용을 잃게 되어 송구하다."라고 말하고 나오는데 앞이 캄캄했다. 비상 작업 처리하느라 아내의 보험금, 적금도 깨고 겨우 이어가는 중인데, 손해배상금은 가혹하지만 받아들여야만 하는 나의 벌금이었다. 본사의 보일러를 인수하려면 또 자금이 있어야 하는데 할 수 없이 고향 큰형님께 농협 돈이라도 좀 융통해 달라며 1억을 2년 내에 갚겠다고 하고는 손을 내밀었는데 큰 도움이 되었다. 약속보다 1년 뒤에 갚았지만, 고맙고, 감사했다.

40일 후 사고 난 보일러를 철거하고 신규 보일러를 넣고 이번엔 버너업체 본사의 도움으로 무사히 설치검사까지 완료했다. 구정 때부터 50일간은 피를 말리는 전쟁 같았다. 시운전 결선을 잘못한 퇴임자께서 미안해하고 고개를 숙여 사과를 했다. 나이 드신 분께 책임을 묻지 않았으며 그분도 결국 50%를 손해 본 셈이다. 다시 불려 간 사장실에서 최종 손해액이 5억 5,000만 원으로 보고됐다. 연료비와 사고로 인한 인건비 등이 추가 된 것이라고 했다. 고개 숙이고 있는 나에게 사장님이 "도 사장, 내가 나이가 60 넘었는데 같은 동향이고(밀양) 회사 규모도 더 크고 보다시피 수출탑까지 매년 받는 회사인데 원칙대로 해야겠지만 당신이 사고 후 처리하는 과정을 매일 보고를 받고 직접 확인해 보니 감동받았다."고 했다.

도망가지 않고 대체품까지 설치했고, 다행히 인명피해도 없고, 수출 상대 회사도 이해를 해줘서 피해액 5억 5,000만 원 중에 2억 원만을 부담시키겠다고 했다. 그러면서 구내식당에서 식사를 같이하면서 "사업을 하다 보면 더 큰일도 있을 수 있다."며 힘을 내라고 했다. 참 고맙고 진심 어린 말씀에 감사드리며 나도 이런 분을 본받도록 노력하리라 다짐했다.

2억 5,000만 수주 금액에서 2억을 배상하고 추가로 설치한 대체 비용을 감안하니 헛공사일 뿐 아니라 적자가 심해지니 소문이 나고 주위의 사람들도 사라졌다. 길을 잃고 서 있는 한 마리 사슴이나 다름없었다. 사업을 시작한 지 얼마 안 되어 난 사고로 인해 직원들도 떠나고 힘들지만 새롭게 판을 짜는 계기가 되었다. 물품을 원하는 대로 받을 수 없는 본사와의 관계와 고객 안심의 사후관리 측면에서 보완되지 않으면 안 된다는 생각에 고민이 깊어졌다.

그리고 평소에 취급해 보고 싶은 것이 있었는데 콘덴싱 보일러였다. 사실 이름만 그럴싸하지, 내용은 지금 우리가 생산하고 있는 3패스 보일러보다 효율과 성능이 뛰어나지도 않은 것인데 일본서 먼저 생산되어 한국에서 D사가 제품을 만들어 나왔는데 신선감도 있고 고효율인 증서를 받으면 절감과 성능이 나은 것처럼 광고가 되다 보니 문서를 중요시하는 관공서에서는 히트를 치게 된다. D사는 곧바로 조달청에 우수제품으로 등록받아 물품의 50% 이상을 독점계약까지 하다 보니 대박을 터뜨렸다는 소문이 났다.

뒤이어 R 회사, H, K사 등도 출시하는데 처음 회사와 두 번째 회사 간 소송까지 진행되었으나 D사가 패소함으로써 누구나가 생산하게 된다. 특별한 것이 없이 조립 공정상 분리와 합치는 개념이라 당연한 것 같다. 보일러 자체의 전열 면적과 튜브의 가스 흐름을 줄이고 대신 부대품을 2개 연달아 붙여서 동체 개념을 하나로 보는 것으로, 보일러 제작공장에서 운전에 필요한 최적의 조건 속에서 테스트를 받아 고효율인증서를 받고 각 업체마다 조건이 다르기 때문에 현지 상태에 적합한 것은 아니다. 따라서 인증서의 조건과 상황이 서류와는 다른 상황이 있게 된다.

고효율인증서라고 광고 선전하니까 마치 지금의 시스템이 저효율인 것처럼 느끼게 되지만, 지금 대부분의 산업체에서는 더 효율적으로 자기 공장의 여건에 맞게 운용되어지는 곳이 훨씬 더 많다. 그런데도 내가 취급하고 싶은 이유는 조달청 및 관공서에 납품 건이 엄청 많을 뿐(연간 500억) 아니라 영업을 하지 않고도 쉽게 수주할 수 있기 때문이고 공장만 있다면 그리 어려울 게 없기도 하기 때문에 우리가 하는 산업체 외에 수입 창출 효과가 클 거라고 믿었기 때문이다. 계약만 하면 30-50%를 선입금 현금으로 받을 수 있는 조건은 중소기업의 큰 매력거리다.

2019년 외대 경영대학원 경영인 대상 수상

아브라카다브라(Abracadabra)

살면서 좋아지는 말이 있다 "아브라카다브라"

눈 뜨면 기분 좋은 아침 잘될 거야 아자아자
출근하면 반겨주는 자동차도 방실방실
가게 문을 여는 아주머니 엉덩이가 실룩실룩
오늘도 파이팅 주문을 외우자 "아브라카다브라"

일하면서 잘하는 말이 있다 "아브라카다브라"
하는 거야 해보는 거야 이거야 아우 아우
지친 나를 유도하는 곳 하늘 보기 하늘하늘
가게 주인도 직장인도 아자아자 "아브라카다브라"

공부하는 학생도 기지개 켜며 좋아 좋아

찌푸린 사장님의 얼굴에서 됐다 됐다

운전하시는 기사분도 차창문을 열며 안전 안전

모든 환자분도 어 이 기분 상쾌 유쾌 통쾌

모두 외워보자 "아브라카다브라"

살면서 지치고 짜증 날 때 주문을 읊어보자

"아브라카다브라"

임대공장에서
자가공장으로

 2년간의 영업소 관계는 본사의 대용량 위주에 따른 차질과 여러 가지 이유로 정리가 되었고 직원들도 새로 보충이 되고 하여 서울 사무소를 청산하고 시화공단에 150평을 임대하여 제작을 하기에 이르렀다. 2층 모서리에 사무실을 두고 불철주야 영업과 제작, 미래 먹거리를 찾기에 여념이 없었다.
 한편으로는 콘덴싱 보일러 선두업체와 산업체 영업소를 맺어 그쪽의 상황과 기술 및 조직관리도 배우면 좋을 것 같아 내가 집중하는 곳에 숟가락 하나 더 얹는다는 심정으로 부딪쳤다. 마침 D 업체 공장장을 하다가 정년퇴직하신 제조 경험자 A와 조인이 되어 에너지 관련 어떤 것도 이것저것 가리지 않고 일거리를 만들어 와서는 공장에 3명 근로자는 쉬지 않고 일을 해서 간간이 월급과 임대료를 줄 수는 있었다.
 처음 1년간은 임대료를 제때 줄 수가 없어서 독촉을 엄청 받았는데 여직원이 쌍욕을 들었다고 울기도 했다. 집 팔아서 공장 사고 임대업 하는데 왜 제때 안 주는 거냐고, 이때는 IMF 시기라 매매공장이 많이 있어서 여유가 된다면 저렴하게 공장을 구입할 수 있기 때문에 돈 있는 사람이 임대업으로 경매로도 많이 구입하는 편이었다. 하지만 우리에겐 그림의 떡이었고 당장 월급 주고 임대료 걱정에다 매출 올리는데 온통 매진 하는 때라 365일 입안에 물집과 잇몸 헤어짐으로 밥도 제대로 먹지 못하는 시기였다.

집에는 "오라메디연고"가 늘 같이했고 이비인후과 가서 헤진 곳을 지지는 경우도 많았다. 그런데 1998년부터 2019년까지 20년을 따라다니며 고통을 주던 입안 염증 및 혓바닥 헤짐 현상은 천연소금으로의 치약 병행과 코로나 이후 업무를 많이 놓으면서 사라졌다. 이 상쾌함을 요즘 맛보고 있어서 감사하고 행복하다.

그때 욕 많이 먹고 내 일처럼 일해준 K 여직원에게 늘 고맙고 미안할 따름이다. 9년을 같이하고 퇴사하는 날 "금 10돈 열쇠"를 회사 재직 기념으로 전달할 때 눈물이 나기도 했다. K 직원은 보기 드물게 열정이 있고 애사심도 강했다. 대표가 보일러회사 직원이 자격증 하나는 따서 간직하라고 강조하고 책도 사주고 시간도 할애해 줬는데 남자 직원들뿐 아니라 여직원도 두 번 만에 취득하고, 근무하면서 사이버대학을 다니며 전공을 마치고 전공을 살려 지방 도시에서 유치원을 운영한다고 들었는데 잘되었으면 좋겠다. 아니 잘될 거라고 믿는다.

2005년부터는 매출도 늘고 대기업 실적이 많다 보니 입소문을 타고 문의도 많아졌으며 고객이 고객을 소개해 주는 덕분에 공장 규모도 문제가 되었다. 신규 제작이 늘어나고 품질보증을 위해서도 자가공장으로 새 기계를 도입하여 철저한 제품 생산공정을 관리해야 하고 고객의 불평불만이 없게끔 하고 작은 회사가 기술평가에 뒤지지 않기 위해서도 투자를 할 시점이라고 봤다. 사실 기존의 꽤 큰 보일러회사(K 보일러, S 보일러, D 보일러 등)가 점점 쇠퇴하고 하나씩 부도처리 되고 있어 어쩜 지금이 발전의 기회라고 봤다.

매출이 많고 공장 규모만 크다고 좋은 회사가 아님을 증명해 주는 것을 보기 때문에 시장의 규모와 고객의 트렌드에 맞는, 그러면서 미래를 예측하는 안목을 갖춰야 하고 때론 과감하고 신속하게 결론을 내려야 하는 것이다. 어쩜 경영이란 매일 어떤 일을 결론을 내야 하는 것이라고 본다. "제로섬게임"만 진행되는 현재의 보일러 시장에서는 지금이 유리하지만 관류보일러의 시장이 소멸되면서 우리 시장으로 필사적으로 들어오고 조달청의 기술 우선 정책으로 선점이 늦은 우리가 막연하게 잘된다는 것도 염두해야 한다. 주거래 은행인 기업은행에 들러 공장 구입 자금융자 타진을 상담했는데 지점장과 팀장이 지원해 줄 테니 차라리 자가공장을 구입하는 게 장래성도 있고 매출도 늘어나니 마음 편하게 저지르라고 한다. 물론 2-3년 전보다는 가격이 많이 오른 상태지만 아직은 그런대로 할만하다고 했다.

통장 잔고를 보니 3억 정도는 되는데 70%는 빚을 진다는 게 부담도 되지만 일거리가 있고 또한 된다는 감이 서면서 저지르기로 결심이 섰다. 퇴근 후 나, 점심시간에 공장을 보러 다녔다. 우리가 찾는 회사는 크레인이 최소 10톤 이상 있어야 되고, 천고가 9m는 되어야 하는데 찾기가 쉽지 않았다. 부동산에 들르면 자기들 입장서 좋다는 것이고 해서 매매 쪽지 플래카드 광고를 보고 직접 찾아서 다니기로 했다.

대부분 500평 또는 1,000평으로 분양되어져서 매매 물건이 꽤나 많았다. IMF가 진행되고 얼마 되지 않아서는 경매도 많았는데, 지금은 무리하는 것보다 하는 일에만 치중해야 되었기에 500평짜리 자동차부품 생산업체를 발견하여 타협을 시도했으나 여의치 않아서 반대로 일전에 소개 물건을 말해주던 곳의 부동산에 들러서 딴 것을 자꾸 소개하려 하지 말고 내가 갖고 있는 정보를 주고 저 공장을 잘 한번 엮어보라고 역제안을 했다.

여성 중개인은 부드럽게 다가갈 수 있을 거라 믿었다. 11억에 매물로 나왔는데 10억에 흥정을 해보라고 했더니 10억 5,000까지로 중개하여 계약을 하고 같이 식사도 하며 새로 이전하는 지방에 가서도 번창하시라고 덕담을 주고받았다(10년 후 이전한 곳에서 또 만나는 인연이 된다). 난생처음으로 자가공장을 매입하는 것이라 기쁘고 한편으로는 부담스럽기도 했지만 10년 후에는 융자 없이 빚 없는 공장 1,000평으로 가리라 다짐도 했다.

새 공장으로의 입주 후 기존 공장을 깨끗하게 정리하고 철판 롤링기 도입과 튜브 밴딩기와 7번 자동용접기를 신규로 구입하는 데 2억이 들어갔는데 또 50%는 융자로 메우고 월급 외에는 오직 공장설비와 직원들의 차량 렌트비 등에 지급되고 접대비 등 긴급 발생 시에 아내에게 급한 대로 2,000-3,000만 원씩을 빌렸는데 지금도 그 돈을 갚으라고 한다. 그런데 갚을 증거가 없어 주지도 못한다.

자금의 부족은 이어졌지만 수주 물량은 계속 늘어나면서 현장 설치 기술자의 부족을 느끼던 차에 전 직장에서 공장장을 하신 B 이사가 나와서 사업을 하는데 우리 일을 맡아서 하기도 했다. 그런데 지방 출장에 죽으라고 해도 집에 월급을 200만 원 줄 수가 없다며 힘들어해서 그럴 바에는 차라리 우리 회사에서 같이하자고 했고 합의되어 같이 근무했던 공장장이 입사해서 나는 천군만마를 얻은 결과로 생산과 현장에 많은 일을 하고 있다. 때론 의견충돌도 있지만 일하는 과정에 논쟁이 있다고 서로 해석을 같이 하기에 지금껏 잘 다니고 있다. 나이가 75세인데도 건강하고 웬만한 사람보다 훨씬 일을 더 잘한다.

열정은 불황을
무릎 꿇게 한다

"제로섬(Zero-Sum)게임"이라고 불리는 경쟁이 있다. 새로운 부가가치 창출이 아니고 주어진 몫을 나누기 위한 다툼을 지칭하지만 어쨌거나 살아남는 자가 사라진 회사의 몫을 차지하는 것이니 이 또한 자유민주주의 시장경제 원리이다. 산업용 보일러 시장도 잘나가던 회사가 미래를 못 보고 방만한 경영으로 하나둘 부도처리 되면서 신생기업인 우리 회사는 IMF 불황을 모르고 조금씩 자리를 잡고 있었다.

기존 보일러회사의 영업소 간판으로 사무실만 얻어서 업무를 보고 운용하는 회사가 대부분인데 2년 만에 제조회사로 변신하고 생산과 A/S가 이루어지다 보니 고객에게 믿음을 줄 수 있어서 차츰 그 소문과 함께 나의 적극적인 영업력이 더하여 불황을 모르고 일거리는 많았다. 자가공장으로 가기 전 국내기업이 필리핀으로 공장을 옮기면서 기술문의를 하던 중에 성사가 되어 보일러 공사를 하게 되었는데 태어나서 처음으로 해외로 출장을 가게 되었다.

영어권의 나라라서 혼자 별일 없을 거라 생각했는데 막상 항공사부터 외국 항공사에 내려서 마중 온 분까지 현지인이라 나의 영어 실력을 실감했고 어떻게 해서 겨우 현지 공장에 도착했지만 영어 회화를 못한 것에 대해 후회를 많이 하게 됐다. 처음 접한 아열대 지방 필리핀의 수도 마닐라시 풍경과 사람들을 보면서 우리나라가 잘사는 나라임을 비교우위에 놓게 되었다. 우리와는 전혀 다른 보일러 관리에서 운전까지를 접하고 지도 교육을 하고 저녁에 한국 공장장과 마닐라 시내로 나가서 맛난 현지 식사를 하고 가무도 즐기면서 후한 대접도 받았다. 팝송을 부를 수 있는 게 1곡인데 이때 써먹기가 딱 좋았다.

맥주랑 양주까지 한잔하고 마치고 나와서 차량으로 가는데 어떤 여성분이 서 있었는데 조금 전에 잠시 자리한 파트너였다. 나는 공장장에게 왜 여기 서 있는 건지 물었는데 이곳에서는 파트너가 맘에 들면 자기가 표시하는 것이라고 하면서 차량에 같이 2시간 거리의 조그마한 시내의 한 호텔 숙소까지 가게 되었다. 술기운도 있고 줄 돈도 없고 말도 안 통하는데 왜 내가 거절을 안 했는지 약간의 성적인 긴장감도 있었지만 욕구를 채울 마음도 자신도 없었는데 늘씬한 몸매와 이쁜 모습에 흔들렸는지 내가 정상적인 인간인가 제법 도덕적인 인간인가 판단이 오고 가면서 별 흥분 없이 잠에 떨어진 것 같다.

다음 날 현장에서 일을 마치고 3-4시 정도에 운동을 가자고 해서 나는 테니스 정도를 생각했는데 골프를 운동이라고 하는 것이다.

아직 해본 적이 없다고 대답 후 다음 만날 때는 꼭 같이 할 수 있게 하겠다고 말한 후 귀국길에 올랐는데 공항까지 데려다주는 현지인 기사분이 나의 비행기 시간을 말했는데도 중간에 휴게소로 가는 게 아닌가. 나는 시간이 없다는 걸 직감하고 운전기사께 빨리 가야 한다고 영어로 했는데 잘 못 알아듣는 것 같아 보디랭귀지로 설명 후 겨우 시간에 맞춰 도착해서 등줄기에 땀이 나도록 뛰어서 비행기를 탈 수 있었다. 귀국 후 얼마 되지 않아 골프채를 사고 시화공단 내 연습장에서 퇴근 후 연습을 시작하게 되었다. 골프채의 브랜드에 따라 가격도 천차만별이고 의류도 왜 그리 비싼지 이래서 골프를 웬만해서는 할 수 없겠구나 싶었다.

다음 해 중국 칭다오로 수출을 하게 되어 또 해외를 가게 되는데 발달한 모습과 해변을 낀 도시 안에 공단이 즐비한 걸 보면서 새삼 중국의 개방화에 따른 경제발전 속도를 느끼게 됐다. 저녁 식사 후 술 한잔하러 자리를 옮겼는데 아직 이런 쪽에서는 사회주의 색채가 짙고 행동거지도 조심해야 한다는 동행자의 말을 실감할 수 있었다. 직원도 5명에서 10명으로 늘어났고 일은 많으나 실지 영업 이익률이 작고 설계 인원이 모자라서 애를 태우는 일이 지속됐다. 신생기업은 보조 인원조차 없으니 쉽게 오지도 않고 그렇다고 2-3명을 채용하기엔 경상비용이 많다 보니 진퇴양난에 빠지게 된다. 어쩔 수 없이 대리, 과장급의 실무급으로 1명이 자리를 잡을만하면 큰 회사에서 더 좋은 조건으로 데리고 가버리니 영속성도 새로운 R&D 연구조차 엄두도 못 내게 된다.

특히 이 시기는 설계 인원이 모자라서 급여가 고공행진을 하고 이직을 많이 하다 보니 인력의 제로섬게임도 이어져서 10년 뒤에는 너무 많이 이직을 하고 또 채용되다 보니, 회사가 많이 사라진 최근 5년 전부터는 오갈 데가 없어지고 나이는 먹고 설계 자리가 없어지면서 딴 직종으로의 이동과 불안한 작금의 현실에 처한 사람들도 많아졌다.

옮겨 다니는 철새 수준의 사람들은 대부분 한 직장에서 인정을 못 받은 사람들이었는데 작은 회사에서는 알면서도 그나마 당장 처리를 해야 하다 보니 새로운 요구조건을 다 들어주면서 울며 겨자 먹기로 채용하는 모순을 당할 수밖에 없다. 업무처리가 부정확해도 자기 탓이 아니고 또 다른 곳으로 가는 것이다. 젊어서 어떤 업무를 집중하여 잘 배우고 버틴 사람은 어쩔 수 없는 회사 사정으로 이직을 하더라도 그 쪽에서도 인정을 받는데, 뜨내기들은 한군데에 더 있기가 쉽지 않다. 결론은 자기 실력을 키워야 하고 인성이 된 사람들은 이직도 적고 인정받는 회사 생활을 한다고 본다.

2005년까지는 보수나 부품 제조, 교체 등이 주류를 차지했다면 2006년부터는 제품의 제조가 많아지고 공장 규모도 갖춰지다 보니 연간 20대 가까이 보일러를 제작하여 교체하는 작업이 자리를 차지하고 간간이 수출도 함께 하기도 했다. 한편으로는 보일러 연구소를 설립하며 국제품질 ISO9001, 14001도 획득하고, 벤처 기업 인증을 득하고, 조달청 경쟁입찰 참가 자격도 갖추어 J 병원에 4톤 3대를 수주하게 되었고, 콘덴싱 보일러를 제작하여 고효율 인증서를 획득하는 데도 박차를 가했다.

정부물자를 입찰 보기 위한 고효율 인증서는 2톤부터 3톤, 6톤, 5톤 관류 1톤, 2톤, 3톤 등도 2-3년에 걸쳐서 등록을 하고 연간 2-3대는 수주를 하게 되었다. 늦었지만 잘 뛰어든 것 같았다.

쉽게 먹는 빵이 영양가가 없다고 하지만 정부 조달 물건은 영양가가 있어 이쪽으로만 사업을 하는 분도 많지 않은가. 하지만 나는 이런 곳 보단 산업체에서 기술을 주고받고 하는 게 목표이고 그쪽 비중을 우선으로 하며 조달 물건은 운 좋으면 따라오는 것으로 여긴다. 가스설비가 없어 버너사에 가서 며칠간을 준비하고 최적의 조건을 만들어 인증서를 받기까지는 운전과 검토 비교를 번갈아 가면서 서류를 만들고 데이터를 모으고 하는 절차가 시간이 많이 필요하다.

2013년 보일러 잡지사 인터뷰 기사

비용도 만만치 않게 들어서 받은 고효율 인증서를 자랑하는 게 과장이 아닐지 모른다. 이렇게 공들여 검사 기간의 입증이 끝나면 인증서가 발급되는데, 2010년 들어 갑자기 효율 적용이 88%에서 90%로 법규가 바뀌면서 기존에 받은 것 중에 89.5%의 인증서는 무용지물이 되어버리는 사태가 왔다. 조달청 수주가 주 업무가 아닌 회사의 입장에서는 법이 자주 바뀌고 기존 업체들의 조건 강화 로비에 따라가 본들 결과가 나빠질 건 뻔하다 해서 다시 받기를 포기하고 우리 시장에 집중하기로 한다.

식품회사로 농심그룹, CJ, 롯데, 매일, 동원, 일동, 대한제당, 몽고장유, 크라운, 오뚜기, 서울우유 등 웬만한 회사의 거래처로 자리를 잡고 호텔이나 병원 등에도 활발하게 거래를 시작하고 있었다. 그런데 매출은 왜 50억 수준이냐고 반문이 나온다. 그렇다. 이것저것을 다 취급을 하지 않고 소, 중형의 스팀보일러에만 집중하니까 전문 부문만으로 매출이 형성되다 보니 액수가 크지 않고 연간 10-20대 수준으로 운영되고 있다. 시장 다변화로 인해 수주 건수는 늘어나고 계약 금액 단위는 작다 보니 직원들은 힘이 가중되지만 어려운 시기에 한 군데만 매출이 이루어지는 것보다 바람직한 시장 형성을 하고 있다.

주경야독

얼마 전 모 신문사 칼럼에서 우리나라 일등 기업인 삼성전자의 넘사벽(넘을 수 없는 4차원의 벽)이 둘인데 그 하나가 애플이고 또 하나가 대만의 TSMC라고 했다. 매출 측면에서 삼성이 20%인데 애플의 43%의 절반가량이다. 반도체 파운드리 시장에서는 TSMC가 시장점유율이 62%이고 삼성이 13%라고 하니 그럴듯하다. 그야말로 난공불락이다.

반도체 사업이 잘못된 이유가 10년 전쯤으로 반도체 연구소 내 D램 연구 인력의 1/3을 파운드리 쪽으로 보냈는데 잘하는 쪽의 인력을 조금 줄여도 문제가 없을 거라는 안이함이 '반도체 메모리의 용량이 1년마다 2배씩 증가한다는 황창규 전 사장의 신성장론을 잊었던 게 아닌가.'라고 봤다. 21세기 기술 패권전쟁에서 세계를 호령하는 기업은 한 우물만 판 기업이다. 넘사벽 애플, TSMC가 그렇고 AI 시대 총아로 불리는 엔비디아도 마찬가지이다.

"위대한 기업은 모든 일을 잘하려 하지 않으며 자신들이 가장 잘할 수 있는 일에 전념한다." 세계 3대 경영 석학으로 꼽히는 마이클 포터 미국 하버드대학 교수는 집중화를 강조했다. "성공적인 기업전략은 특정 활동이나 시장에 자원을 집중하고 그를 통해 경쟁우위를 확보하는 데 있다."라는 것이다.

작은 회사를 경영하면서도 나름 철학을 갖고 한곳에 집중하지 않으면 얼마 못 가서 사라지곤 한다. 작금의 시장경제 상황에서는 정직하게 기술과 열정으로 끝까지 살아남는 자가 승리자이고 올바른 경영자이다. 아무리 기술과 규모가 있고 복지를 잘 해준다고 해도 존재하지 못하는 기술과 복지는 일시적 수단에 불과하다. 그러기 위해서는 오너가 몸소 뛰고 또 뛰며 공부하고 아이디어를 내면서 솔선수범하지 않고는 중소기업이 살아남지 못한다. 물론 대기업의 확고한 시장길이 열려 있는 업체는 다른 경우 이기기도 한다.

나름 경험과 기술이 있는 사람으로 생산과 현장 공사까지 한다고 하지만 내가 봐서는 모순투성이이고 고객이 모르니까 넘어가는 부분도 있다. 나는 철저하게 고객의 편에서 모든 것을 본다. 용접과 설계 등이 기존 것만 참조해서 베끼는 수준이기 때문에 직원들은 모르면서 억지라고 할 때도 있겠지만 불만 사항과 더 좋은 품질을 주문하고 또 주문한다. 대충에 길들여지면 멀리 가지 못하는 것을 많이 보아왔기 때문이기도 하다. 용접사를 구하기도 힘들지만 제품의 품질을 좌우하는 큰 기술이라 용접의 전반적인 것을 알아야 한다는 생각에 인천폴리텍대학의 용접기능장 과정(1년 과정)에 원서를 내고 6시부터 10시까지 수업을 했다.

　아들 같은 또래분들이 주축인 교실에서 용접이론부터 대학 때 배운, 자재관리, 품질관리, 원가관리도 다시 정립해 보는 시간이 소중했다. 용접 실기를 게을리했는데 굳이 자격증을 취득할 이유가 약하고 잦은 출장과 토, 일요일에는 현장 관리차 또는 영업차 운동도 잡혀 있어 주말의 실기 시간에 결근이 많았는데 핑계 겸 이유로 적어본다.

　기능장 과정을 1년 다니면서 느낀 점은, 학생 대부분이 현장에 근무하면서 자격증을 따야만 수당과 진급에 미치는 것이 많기 때문에 실기에만 치중한다는 점이다. 기능장은 기사나 기능사 또는 관련 업종에 일정 수준 갖춘 자 이상만 자격이 주어지는데 실기와 동시에 관리능력을 배워서 팀장, 공장장 등의 목표를 둬야 뒷날 올바른 엔지니어 관리자가 될 수 있고 장래에 리더가 될 수 있는데 오로지 기능면에서의 자격증만을 목표로 삼으니 수업시간에도 교수는 교수대로 학생은 자격증 시험문제 풀이 또는 반은 졸고 있는 게 안쓰러웠다.

　4년제 대학을 졸업하고 기술만을 배우기 위한 학생은 이해되지만 기능직으로 있는 분은 실무에서 장래의 위치를 생각하면 '관리 분야에 오히려 더 치중하는 게 도움이 될 텐데.'라고 생각이 들었다. 실지 우리 공장의 공장장도 기능면에서는 이 분야 단연 최고라고 보지만 관리적인 면에서는 안타깝고 답답할 때가 많다. 중소기업에서는 대표가 어느 한쪽을 소홀히 하면 다른 한쪽이 약해져서 균형을 잡기가 무엇보다도 어렵다. 특히 매출이 따라주지 않으면 심각해진다. 나는 전국의 공장에 우리 보일러를 설치하는 게 목표인데 대기업은 첫 거래를 뚫기가 정말 어렵다.

삼성전자와 현대자동차는 구매에서 업체를 받아주지를 않는다. 이유는 기존에 몇 군데 업체가 잘하고 있다거나 신생기업은 규모가 적고 실적이 없다는 이유인데 이 시장을 잘 알고 문을 노크하는데도 문을 열어주기를 거부한다. 거래하던 곳이 부도가 나고 없어져서 새 거래처로 등록하고 싶어 그동안 여러 곳에 실적도 쌓고 기계장비 기술력을 갖추어도 마찬가지다. 인맥과 학연으로는 이루어지는 걸 보면서 좋은 대학을 다녀야 하는 이유가 있다는 것이 상식으로 자리매김한다. 보일러회사의 규모보다 사용되거나 설치할 기계에 따른 실적과 기술은 보지 않고 전혀 딴 종류의 제품을 생산하는데도 같은 보일러회사라고 규모로 따지니 먼저 한번 거래를 시작한 회사는 앉아서 헤엄치기로 수주가 이어지기도 한다.

한번은 L그룹의 음료회사가 난공불락의 시장임이 알려져 있고 15년 전부터 수시로 노크하고 현장도 다녔지만 기존 업체와의 끈끈한 관계에 안 된다는 생각을 굳힐 때 인터넷으로 주소와 이름을 알아서 대표이사께 편지를 썼다. 편지에는 우리 회사의 소개와 기술 특허와 실적 등으로 귀사의 설비공사에 참여를 검토해 달라는 것이 주된 내용이고 업체등록이 목적이다. 타 회사를 비방하거나 구매부 등을 언급하면 역효과로 이 방법은 마지막 수단으로 활용하는 것인데 전 직장에서 상무이사가 하는 것을 본 적이 있다. 같은 그룹 내 타 회사와도 거래를 하고 있는데도 유독 이 회사는 넘사벽으로 울타리가 높게 쳐져 있어서 변칙적인 방법을 써본 것이다.

역시나 결과는 오지 않았고 오기만 남았지만 오기로 되는 것도 아닌 걸 지금은 중단하자 그러나 포기는 하지 말자, 언젠가 거래를 튼다, 하고 지내면서도 연말에 연하장이나 다이어리를 돌리거나 우편 발송을 꾸준히 보냈다.

시간이 흘러 대기업의 인사이동이 지나면서 담당 직원에게 연락이 왔다. 만나주지도 않는데 찾아가고 어쩌다 면회하면 바쁘다고 다음에 연락하겠다고 하고는, 아무 연락도 없이 공사를 진행해 버리면 이 업종에서는 금방 알려져서 진행 과정을 알게 된다. 온갖 수모를 겪으면서도 굽신거리며 찾아가고 해서 몇 번은 본 적이 있는 직원인데 견적 의뢰를 해온 것이다.

우리보다도 모든 면에서 뒤처지는 업체로 계속했는데 문제가 있다고 견적 의뢰를 해왔다. 차분히 시방에 준하여 현장 체크도 하고 제출했는데 역시나 결정은 "기존 업체로."이었지만 그래도 15여 년 만의 참여라 감사했고 다음을 노렸다. 얼마 뒤 기존 보일러 보수 건이 여러 건으로 꽤 큰 공사였는데 참여 의뢰에 각오하고 거래를 트기 위해서 원가개념으로 입찰을 했는데 이 또한 이유도 모른 채 탈락했다. 어쨌든 작은 회사가 큰 회사에 등록하려면 겪어야 할 과정으로 여겼다.

이후에도 식품에서 제지, 콘크리트 등으로 딴 업종에서 수주는 활발히 진행되고 있어 잊고 지냈다. 그렇게 또 몇 개월이 지났는데 담당자가 퇴사를 하면서 그동안 노력에 비해 너무 안쓰러웠는지 아님 자체에서 문제가 있어도 윗분들이 해서 그런지는 몰라도 "여기와 거래하는 건 힘들다, 방법은 그룹감사실에 진정을 한번 해보라."라는 것이다. 감사하다고 전하고 며칠을 고민하다 어차피 안 될 거면 그래 한번 해보자 하고 홈페이지로 하면 문제가 크게 될까 봐 전화를 드렸는데도 그때뿐이고 되레 화근이 된 것 같았다. 그나마 문의는 있었는데 담당 부서에서 더 반대하는 모습을 보면서 그래 이 정도면 됐다, 여기서 포기하자, 하고 접었다.

회사는 수주가 이어지고 생산과 현장은 그래도 진척이 되는데 설계자가 1명이라 제작도면이 늦어지고 체크할 사람도 없어 사원 모집을 계속하지만 압력용기나 열교환기 설계자는 쉽게 오지 않고 오더라도 철새들만 왔다 갔다 안정이 안 되어 큰 고민거리로 이어지고 있다. 나부터 설계 공부를 해야 한다는 생각에 시화공단 내의 경기공전 기계설계과에 등록을 하고 야간수업을 하게 되었다. 모자라는 부분에 보충을 하고 잠시 이쪽으로 집중이 되면, 매출이 줄어들고 또 이쪽을 우선시하다 하여튼 몸을 둘로 나뉘어 뛸 수 없음이 아쉬울 만큼, 지방과 현장과 주말에는 접대운동으로 바쁘게 뛰고 또 뛰었다. 큰 이윤은 나지 않았지만, IMF 시기에 창업을 해서 10년여 만에 직원이 정규직 15명(**비정규직 5명**) 매출이 50-60억 가까이로 중소형 스팀보일러만 전문회사로 자리를 잡아가게 되었다.

2년 뒤쯤 L그룹 감사실에서 전화가 왔다. 2년 전에 보일러 공사 입찰 참여했던 적이 있냐고, 결과 통보가 없어서 안 된 줄 알고 있었다고 했더니 자초지종을 말해주고 대신 사과했다. 우리 견적을 비교도 않고 배제하고 기존 회사로 갔는데 그 회사의 존재가 어렵게 되고 수년간의 실태가 감사에 들통이 난 것 같았다. 그렇게 되고 공장에서 연락이 오고 해서 거래를 텄고 지금도 하고 있지만 일본 제품으로 거의 다 옮긴 상태서 사후관리 차원의 거래라 울며 겨자 먹는 식의 반가운 거래는 아니지만, 이 또한 겪어야 할 과제라고 생각한다. 대기업에는 대표이사나 본부장이 바뀌면 실적을 내기 위해 새로운 것을 자꾸 요구하다 보니 팀장이나 공장장 또는 담당 과장들도 늘 깨어 있어야 하는 것을 볼 수 있다.

일본에서는 주로 관류형 보일러를 사용하는데 기존에 빌딩이나 목욕탕에 사용되어진 지 오래되었다가 시장성이 사라지면서 산업체로 넓히고 있을 뿐인데도 마치 새로운 것이 무조건 에너지를 절감하는 것처럼 틈을 타서 파고들었다. M 회사는 일본업체인데 일단 외국 지분이 많은 회사에 접근하고 실무자보다 위에서 아래로 전달하는 지위체제를 활용하며 서류를 잘 만들고 브리핑을 잘하는 것이 특징이다.

그리고 본국에 사용하는 것을 견학을 시키고 여행도 곁들이다 보니 쉽게 자리를 넓혀가는 마케팅을 펼친다. 금액도 저가에서 한국은 고가정책이 먹힌다는 판단에서 전자제어와 디자인을 약간 바꾸어 최근에는 완전 초고가정책으로 바꾸어 사후관리에 고정비를 받아냄으로 이윤을 챙기는 것까지로 시장을 넓히고 있다. 기업에서 브랜드와 마케팅의 중요성이 강조되는 이유지만 중소기업에서 쉽지는 않다. 그래도 한 발씩 나가야 한다. 이런저런 이유로 산업용 보일러 시장에도 어려움과 희망의 비율이 다를 뿐 치열하게 도전받으며 도전하는 쪽으로 이어지고 있다.

산업용 보일러는 효율과 안전성의 확보가 무엇보다도 우선이어야 한다. 35년간의 현장경험과 생산현장의 실태를 알게 되면서 '사고 없는 보일러가 왜 안 될까.'를 고민하고 연구한 끝에 우리나라에서 처음으로 본체에 직접 센서를 달고 이중으로 부착되는 안전장치를 연구 개발하여 특허를 내어 설치 중에 있다. 중대재해법으로 힘든 제조업체에 희소식이지만 아직 홍보가 늦어 판매에는 큰 효과가 없지만 분명 이것은 큰 힘을 발휘할 거라 확신해 본다. 그 외에도 전기보일러에 대한 연구와 전자식 수면계, 발광 LED, 핵융합 보일러 등에도 연구를 게을리하지 않고 천천히 다가가고 있다.

《뉴스피플》 인터뷰 기사

믿는 발에 도끼질

　이 글을 쓰기 전에 2013년도의 사고와 사건 진행에 대한 재판과정의 서류를 다시 읽어본다. 화가 나서 억울해서 못 본 서류를 10년 뒤에 본다는 건 과거를 되돌아보며 미래를 내다보기 위한 것이며 주변의 평가보다는 자신을 이해하고 사고 없는 경영을 하기 위함이다.

　유명한 화장품회사의 부품회사로 수원에서 군산 쪽으로 공장 이전을 한다는 정보를 받고 부지런히 노크하고 기술 미팅을 하며 신뢰를 쌓아가고 있었다. 기존의 설비를 옮기는 쪽으로 방향이 잡히면서 건설 쪽에 설비가 묶여서 감으로 인연이 되지 않았다. 그 후 꼼꼼하고 기술력이 있던 담당 과장의 연락을 받고 신규공장에 가게 되었고 매년 해야 하는 보일러 세관 작업을 의뢰해서 하게 되었다. 사실 세관 작업은 압력용기의 특성상 위험을 방지하기 위해 국가에서 실시하는 검사로 사전 준비 작업이라고 보면 된다.

일종의 청소 작업인 셈인데 매년 하다 보니 업체가 꽤 유대관계로 이어지는데 보일러 제작사가 전담하기엔 부담도 있다. 이것만을 전문으로 하는 업체에 미운털이 박히면 보일러 제작, 설치에 방해가 되는 경우가 있기 때문이다. 예를 들면 보일러 교체 시에 평을 나쁘게 하고 딴 업체를 소개해 주면 영업에 방해꾼이 되기도 하는데, 이 업을 하시는 분이 주로 공단 소속이었던 분이거나 친한 관계이고 일정 기간 계속해 오고 있기 때문에 무시할 수 없다. 수주에 지장을 받는다.

창립 초창기에는 이것저것 가릴 여유가 없어서 꽤 많이 해오던 작업이어서나 제작이 많아짐으로써 기존 거래처는 하지만 신규 영업은 하지 않았다. 이 작업만을 도급받아서 하는 업체도 많아서 작업하는 데는 어려움이 없다. 평소 관리를 잘하던 직원이 자녀의 공부 관계로 해외로 간다고 사직서를 낸 상태였고 신입 직원이 이 분야에서 경험도 있고 해서 인수인계차 그곳에 가기로 되어 있었다. 이 작업은 주로 휴일에 2-3일 안에 끝나는 작업이라 크게 안전에 의심도 않게 되었고 일을 진행할 업체가 15년 경력에 꾸준히 우리와 해오고 있고 기술력도 알기에 계약서도 없이 구두로 진행한다. 물론 아모레퍼시픽 회사도 우리와 서류는 나중에 맞추는 방식으로 구두로 진행한다. 수주금액이 500만 원 정도여서 10% 관리비를 제외하고 도급을 주는 것으로 관리 차원의 일이라 그렇게 늘 해왔기 때문에 사고 날 거라고는 전혀 생각을 못 했다.

2013년 10월 26일 정오쯤 연락이 왔다. 화상 3도 정도의 사고로 장항에서 1차 진료 후 119로 한강 성심병원으로 간다고, 한 번도 겪지 못한 일이라 별 탈 없이 경미한 사고로 마무리된다고 믿었다. 사실 화상 3도가 위험한지를 모르고 있었다. 당일 현장에 우리 직원이 8시 30분에 도착했는데 그전에 작업을 한 것이고(아모레퍼시픽에서 사전 준비를 **기본으로 해주고 진행토록 해야 하는데**), 전날 밤 생산 운전을 19시까지 하고는 담당자가 뜨거운 물을 찬물로 순환시켜서 온도가 50도 정도까지는 갑 측에서 사전에 작업 준비를 해줘야 한다는 것을 잊었던 것 같다. 지금까지 해오던 과장은 이런 사전 준비를 잘해왔는데 정년으로 물러나면서 후임이 와서 맡은 첫 업무로 잘 몰랐고 전임자에게 업체에서 알아서 해준다는 말만 들었던 것 같았다. 엎친 데 덮친다고 작업자도 계기를 보는 건 당연하고 반드시 하부 드레인 밸브를 열어서 눈과 손으로 확인 후 작업을 해야 하는데 당연히 준비되었겠지, 하는 안이한 생각으로 작업을 했다. 또한 사고자가 망치로 무리하게 열었다는 것이 이해가 가지 않는다. 뜨거운 물이 조금 전 스팀까지 있었으면 소제구를 강제로 열면 이상함을 감지하는 게 상식인데 그것도 모르고 무리하게 진행한 것도 이상하기가 그지없다.

하청업체 사장이 사고자와 친구라 잘 챙기고 있고, 금전적인 면에서는 책임을 져야겠구나, 하고 생각하며 이사장에게 치료 잘되도록 최선을 다하자고 전화를 했는데 치료비가 많아지고 상태가 나빠지면서 이사장은 연락이 되지 않았고, 며칠 뒤 사망했다는 소식을 접했다. 감당하기가 버거워서인지 대표는 자취를 감춰버리고 유가족들이 회사로 와서 산재 처리 할 수 있게 도와달라고 하더니 자초지종을 얘기하면 폭군으로 변해 협박과 고성만 난무하고 경찰이 오고 나는 큰 위기에 처하게 됐다.

 유족들은 장례라도 치르게 산재 가입만 되게 해달라는 것이고, 우리 직원이 아닌데 직원으로 거짓서류를 꾸며야 하는 것이다. 산재만 타게 해주면 보상금을 타서 미혼이라 시골 노모께 드릴 수 있게 해달라는 것인데 간단히 쉽게 결정할 것이 아니었다. 노무사에게 문의했더니 금전적으로 도의상 책임을 지는 것이지 서류로 하면 후회할 거라고 했다. 하루 이틀 지나고 유족들이 아모레퍼시픽 글라스에도 가서 소동을 벌이고 근로복지공단에도 가서 소동을 벌이니 근로감독관으로부터 전화가 왔다. 원만히 처리해 주는 게 어떻겠냐고? 우리 직원이 아닌데 어떻게 하느냐? 그리고 만약 그렇게 되면 우리 회사는 어떤 처분이 따르냐고 물었더니 "벌금과 경고 처분 정도지 않을까."라고 해서 산재 처리에 동의를 한 것이 된다. 이게 형사처벌 죄인으로 엮여 평생 한이 될 줄은 몰랐다. 전문가의 말을 듣지 않고, 유족들의 간곡한 부탁에 좋은 게 좋다는 정 때문에 내린 판단이 내 호적에 평생 범법자로 기록되고 살아가게 될 줄을 몰랐다.

 유족들에게 장례를 치르라고 500만 원을 주고 위로의 말과 함께 조화까지 보냈다. 그날 밤 세관을 전문으로 하는 회사의 J 사장으로부터 밤늦게 한 통의 전화를 받았다. "도 사장님, 제가 지금 J 장례식장인데 유족들이 고마워한다고, 그리고 자기가 잘 아는 사람인데 고맙다고 쉽지 않은 결정에 감사드린다고…." 병원비랑 그동안의 비용 등과 범칙금까지 2,000만 원을 더 지불하고 이 일은 마무리되었다.

 우리와의 거래로 인해 아모레퍼시픽 발주처에게는 피해를 안 주겠다며 대기업 직원이 징계받지 않게 서둘러 계약서랑 안전교육 확인서 등을 임의로 작성하여 날인하고 사고의 책임은 우리가 모두 끌어안고 갈 테니 기존 거래만을 이어줄 것을 다짐받았다. 물론 형사처벌이 와도 변호사를 서로 두지 않고 협조하기로 했다.

1년 뒤 법원에서 출두 명령 통지서가 왔다. 법원과 경찰서는 어떤 일이든 늘 기분을 나쁘게 하고 가슴을 두근거리게 하는 곳인 것 같다. 우편물을 받은 아내는 가슴이 덜컹 내려앉는다고 하고 몇 날을 우울하게 하는 불길한 감정과 함께 보냈다. 이북에서 온 오물 풍선보다 기분을 다운시켰다고나 할까. 대전지방법원 홍성지청에 재판받으러 갔는데 아모레 쪽에서는 변호사가 같이 온 것이다. 이러지 않기로 했는데 기분이 언짢았지만, 자기들은 회사법무 지원단이 참여하게 되어 있다고 하면서 이순이라는 변호사의 명함을 받았다. 승부욕이 당차 보이는 분으로 좋은 느낌은 들지 않았다.

며칠 후 갑 측의 새로 온 공장장과 면담하고 불리함이 없게 하겠다고 하고는 진행이 이어졌다. 근로공단의 직원 말만 믿고 징역까지는 아닐 거라는 내 판단으로 재판관이 묻는 대로 "네."라고 했고 빨리 결정될 것을 퍼시픽은 문구 논쟁으로 따지고 또 연기하고 지연을 시키고 있었다. 나의 죄명은 대표로서 현장까지 같이 가서 안전교육 및 시범을 보이지 않았고 현장에서 구급약과 상비품을 배치 및 인지시키지 않았다고 하는 것이다.

우리 회사에서는 늘 안전교육을 하고 있었고 사고를 낸 회사 사장과 작업자와는 열관리협회의 교육까지 같이 받은 사실도 있고, 작업현장에 까지 직원을 보내서 업무지시를 했는데, 8시 20분 도착 전에 갑 측의 교육을 받고 사전 작업 중에 일어난 사건으로 대표로서 할 업무는 다했다고 보지만 법의 테두리에서는 아닌 것 같다. 갑 측의 죄명은 위험물 취급인 가스 사용 압력용기 설비 지역으로 관리를 소홀히 했다는 것인데 1년을 끈 재판의 결과는 가스를 직접 생산하는 구역이 아니라고, 구역인가 아닌가로 다투다가 무죄를 선고하고 나에게는 징역 8개월에 집행유예 2년, 80시간 봉사교육으로 판결이 난 사건이다.

직원들이 탄원서도 내고 힘을 줬지만 평생 죄인으로 낙인찍혔다. 강제 봉사교육을 하면서도 내가 뭘 잘못했는지를 모른 채 더위에 노역을 마쳤지만 '시간이 약이다.'란 걸 일깨워 주었고 지금도 안전교육을 최우선으로 경영하고 있다. 2023년부터는 5인 이상 업체도 중대재해법이 적용돼서 그전 사건대로라면 올바른 판단이 될 수도 있겠다 싶지만 10년 전에는 억울한 죄를 뒤집어쓰고 법무법인을 갖춘 대기업은 빠져나간다는 사실에 새삼 돈의 위력을 느꼈다.

그 뒤로 퍼시픽 글라스는 우리에게 거래를 끊어버리고 나와의 구두 약속은 물거품이 되었다. 다만 그때 같이 일했던 직원들은 끝까지 탄원서도 써줬고 그들만이 진실을 알고 있다.

3부

벅찬 순간들

전원주택에 살면서

바다가 보이고 산이 있고 조용하면서도 외롭지 않고 도심에서 멀지 않은 곳에서 정년 이후 노후 생활을 꿈꾸는 샐러리맨이 나뿐이겠나! 시행착오 끝에 드디어 그 희망을 이루며 살고 있다. 사회생활 중 50-60대가 된 지인들과 〈나는 자연인이다〉란 TV 프로그램을 시청하면서 대부분 시골이나 산골 바닷가 등에서 자연과 함께 손수 채소를 키우며 스트레스를 덜 받고 살고 싶다는 말을 자주 들었다.

"저 푸른 초원 위에 그림 같은 집을 짓고 사랑하는 우리 님과 한 백년 살고 싶어." 가사처럼 치열한 경쟁과 지구온난화의 결과물로 찌든 환경과 각박한 삶이 자연 속으로 빠져들게 한다. 어떻게 땅을 매입했으며 땅값이 얼마인지, 자기도 이런 꿈을 실천하고 있다거나 서로 알고 있는 내용을 말하기 시작하면 정보교환도 되고 금세 시간이 흘러 여운을 남기고 일어선다. 자연에 묻혀 살기를 먼저 시작한 사람으로서 전원생활을 준비하고 있는 분께 경험담을 써보는 것도 도움이 되겠다 싶어서 과정을 기술해 보기로 한다.

자연을 최대한 살리며 살고픈 나의 전원주택

첫째, 부부가(혼자일 경우도) 전원생활을 원하는 것이 확실한지 육하원칙에 준한 심사숙고를 해서 결론을 낸다. 둘째, 종잣돈이라도 저축하여 땅을 구입할 수 있는 자금을 5,000만 원에서 1억 원 이상을 모은다. 셋째, 살고 싶은 지역을 선택한다. 가급적 현재 생활하고 있는 곳에서 1시간 거리를 기준으로 장소를 몇 군데 지정한다. 토지매입은 가급적 여름보단 겨울에 보는 게 판단에 도움이 된다. 넷째, 주말마다 여행 삼아 정해놓은 곳으로 가서 부딪쳐 본다(주중에도 가끔 가본다). 최소한의 생필품 구입처, 외식 장소, 동네 가구수, 인심(부동산, 식당, 상가 등에서 파악), 약국, 세탁소, 병원 등에 관심을 기울인다. 다섯째, 주거 목적인지 세컨 하우스 용도인지를 선택하고 기존 동네로 어울려 살 건지 같은 목적의 계획된 필지에서 붙어 있는 주택을 원하는지를 정한다. 동네마다 텃세가 있어 어떻게 처신하며 지낼까 파악을 하는 것도 필요하다. 나이가 적어도 고개만 들고 이방인 쳐다보듯 경계를 하기 때문에 먼저 인사를 하는 게 좋다. 어차피 우리가 굴러온 돌이라고 인정하면 편하다. 여섯째, 주위에 먹을거리가 풍성한지, 놀거리(구경)가 많은지 특히 산책코스와 안전한 거리인지를 파악하는 것이다.

2005년 5월쯤 시화공단에 자가공장 사업장을 마련하고 눈코 뜰 새 없이 일에 매달리는데도 회사 성장은커녕 적자가 지속되고 직원들의 이직과 매입처의 대금 독촉에 시달리는 몇 년 동안 "이건 아닌데."를 뱉으면서도 다람쥐 쳇바퀴 생활로 지칠 대로 지친 어느 토요일 퇴근길에 공장 앞 골목길에 플래카드가 눈에 들어왔다.

"대부도 전원주택지 급매 100평 8,000만 원" 가끔 같은 아파트 살던 손 사장과 낚시를 하러 가는데 주로 깨끗하고 한적한 장거리의 시골 연못(유료 낚시터)으로 가기 때문에 월요일 출근과 일에 방해가 되어서 가까운 곳을 찾는 중이었는데 대부도에도 좋은 연못이 있다는 지인과의 대화 때 각인되어 가보기로 결심 곧장 북동저수지를 찾아서 낚시 장비를 풀고 휴식을 만끽하게 되었다. 시화대교 건너 10분 거리에 있으며 산속에 오목하게 꽤 큰 연못으로 오염 없는 지역까지(대부도, 선재도, 영흥도는 축사, 돈사가 없는 관광지임) 여기가 쉴 곳으로는 딱이다 싶었다. 가두리 양식의 바다 낚시터도 꽤 많이 분포해서 수도권에서 낚시꾼들이 즐겨 찾는 곳이기도 하다(개인적으로 양식 낚시터는 선호하지 않음).

낚시는 고기를 낚는 것보다 물속에서 놀고 있는 고기와의 숨바꼭질 놀이로 재미가 있고 혼자만의 여유를 맛보는 게임이다. 게임에 이기기 위해서 다양한 전술도 따른다. 미끼를 어디에 어떻게 놓을지, 양은 어떻게, 비빔밥을 줄 건지, 라면을 줄 건지, 막걸리라도 한잔 얹을 건지, 따뜻하게, 차게, 배가 고픈지, 안 고픈지, 어디 숨었나 찾아보시지요. 깊게, 얕게, 아래로 위로 졸고 있나? 먹을 때가 되었는데. 이런 상상의 게임에 빠지면서 틈틈이 주위 경관에 시야까지 돌리면 무릉도원의 평화로운 시간은 금세 지나간다.

달빛, 별빛 아래서 먹는 따뜻한 컵라면과 소주 한잔의 맛을 어떻게 표현하랴. 초저녁을 지나 자정의 길목까지 산천초목과 이름 모를 온갖 풀벌레와 냄새로 몸속의 공기를 정화시키는 것도 건강에 나쁠 것이 없다. 다만 허리는 불편하지만, 요령껏 산책을 겸하는 낚시꾼들이다. 이제 잡힐 때가 됐는데, 하는데 물속에서 반딧불이 솟아오르듯 내뿜는 찌의 불빛 향연과 동시에 느껴지는 손맛은 세상 어디에도 비교가 안 된다. 낚시를 해서 올리며 전해오는 짜릿한 손맛과 물고 도망가려는 물고기를 내 안으로 끌어들이며 느끼는 평온함이 요동치는 순간의 다툼과 끌어당김의 시간은 어느 정도 길면 좋다. 이 순간을 사랑하는 사람과의 첫 키스, 혹은 첫날밤에 절정에 이르기까지의 황홀함에 준한다고 한다. 전적으로 공감한다.

새벽에 피어오르는 물안개를 보며 모닝커피를 한잔하자마자 함께 찾아오는 피곤함과 아침 햇살이 주인 노릇 하며 시끄럽게 다가오면 게임을 끝내고 철수를 시작한다. 온 김에 가까운 곳에 있는 공인중개사 부동산에 들러 이 근처의 시세와 물건을 소개받아 쉴 곳을 마련하게 되었다. 접근성 때문에 급하게 부동산 계약(**부동산 중개인, 등본 및 현황 관계가 매우 중요함**)을 하고 주말 친구들 부부와 혹은 부부가 즐거운 농막 생활을 하면서 이곳이 주택을 지을 수 없는 맹지라는 것(**현황은 도로가 있고 밭(전)으로 되어 있음**)과 이웃의 종교시설에서 무단출입으로 생활에 방해가 되는가 하면 소각으로 인한 대기 환경오염 등은 주중에 주거함으로써 알게 되었다.

산속에 잘 가꾸어진 능소화 분재. 정원수와 이쁜 꽃들, 컨테이너에 간이 화장실까지 지금의 목적에는 어울려서 급하게 결론을 내린 것이 나중에는 후회되는 땅이 된 것이다. 그렇더라도 2년을 유익하게 사용했고 즐거웠으니 밑진 장사는 아니었고 좋은 경험과 더 나은 곳을 얻기 위한 디딤돌 역할을 해준 곳이었고 산속의 아름다움과 위치가 좋아 오랫동안 같이 하고픈 곳이었다.

나의 경우는 130평 헌 집을 매입하여 일부만 수리하고 옛 주택 그대로 살고 싶었는데 오랫동안 폐가로 있어서 수리비가 많이 나오고 천장이 낮고 지네랑 쥐, 거미줄의 장악 범위와 도토리나무와 밤나무가 집 담장, 아니 지붕까지 넘어져 있고 온갖 들짐승까지 서식해서 몽땅 철거 후 컨테이너형 막사와 데크 설치, 수세식 화장실, 중고 가전제품, 손수 제작 난로 등으로 주말에만 사용하면서 재미있는 시간을 보냈다. 아내와 딸이 화장실과 따뜻한 물 장작 지피는 난로로 인해 좋아한다는 것도 알게 되었다. 참고해야 한다.

이렇게 주말농장으로 5년을 지내면서 앞집과의 유대로 차츰 동네분들께 다가갔는데, 무조건 인사부터 먼저 하는 것이 첫째였는데 사회생활과 똑같은 것이다. 지난번 산속의 농막 생활은 집을 지을 수 없다는 것과 이웃의 쓰레기 소각, 무단침입 등으로 더 이상 있을 수 없어 2년의 생활로 접고 또 다른 전원주택지를 물색하던 중 현재의 선재도에 자리를 잡았다.

집 앞에는 호수 같은 바다와 해안을 따라 산책하기 좋게 가로등 설치는 물론 바닷속으로 인공 길이 있어서 펄(Mud)에서 나오는 미네랄 성분과 용존산소까지 호흡으로 얻을 수 있고 동네분들이 잡은 펄 낙지, 미역, 소라, 바지락 등을 언제든 먹을 수 있기도 하다. 냉동고에는 바지락과 낙지, 물미역이 이곳에서의 생산물이라 싱싱 그 자체로 언제든 내 몸속으로 들어올 준비를 하고 있다. 내가 미역이고 낙지며, 바지락이다.

농막 생활은 봄에서 가을까지로 생각하는 게 좋다. 겨울은 춥고 바람이 심해서 보온에 철저히 대비해야 하기 때문이다. 이렇게 2년 이상 살아보면 이곳에서 정착할지 아닌지를 경험으로 판단하면 된다. 나의 경우는 이곳이 맘에 들어 오가면서 명당 자리라고 생각되는 곳을 콕 찍어서 여러 경로로 파악 후 덩치가 컸지만 그대로 매입했다. 땅값은 내려가지 않는다는 평소 나의 믿음이 있기 때문이다.

이제 농막 생활에서 전원주택을 마련하여 살려면 건축으로 이어지는데 신규로 짓느냐, 아니면 기존주택을 구입할 건지를 정하고 설계부터 업자 선정까지 많은 노력과 비교분석, 자금 스케줄 등으로 머리가 아파진다. 전, 답, 임야를 대지로 변경하는 것부터 토목설계사와 건축설계사의 선정이 매우 중요하다. 막상 집을 지으려면 평소에 사이가 좋아도 옆집, 이웃의 태도가 감시와 주의로 바뀌며 스트레스와 피해를 받을 수 있다. 그렇다. 대부분 스트레스받는 것의 원인은 가까이 있는 사람과의 관계에서 일어난다. 타국에 있거나 지방에 있는 사람과는 부딪히는 일이 거의 없다.

　이웃에 관심과 예의로서 때론 약간의 선물들도 가미하며 먼저 고개 숙이고 미소 짓다 보면 쉽게 친밀감이 온다. 대부분 같은 문중들끼리 동네가 형성되어 있어서 계획된 주거단지와는 차별이 된다. 분명 일장일단이 있다. 사회생활과 같이, 나부터 먼저 노력하면 유쾌한 자연 속에서 생활이 즐거워진다.

NO ENTRY

   한가로이 강가에서 풀을 뜯고 놀고 있는 얼룩말이나 코뿔소 무리 떼를 유심히 쳐다보며 주위를 맴도는 사자 몇 마리가 먹잇감을 사냥하는 광경을 보면 무리에서 쳐지든가 옆으로 돌출행동을 하는 놈이 주 대상이며 한번 속력을 내면 시속 60km로 거침없이 다가서서 목 부위를 물고 매달리어 목적을 달성하는 광경을 〈동물의 왕국〉에서 종종 보게 된다. 사람들도 약한 부분을 손쉽게 해결하려는 안이한 생각과 부주의로 생기는 것이기에, 쪽팔려서 말도 못 함이다. 나처럼 어리석지 않길 바라면서 경험담을 기술해 본다.
   2020년 5월 주말농장에서 점찍어 둔 뷰 좋은 토지를 매입하고 주택을 짓는 도중에 앞에 비닐하우스가 있는 땅에 누군가 집을 지으면 가려질 것 같아서 이 땅마저 매입하게 되었다. 당연히 자금이 부족할 수밖에. 지역농협에 대출을 받고 또 다른 한 필지는 맹지인데도 매매 의

사가 없다 하여 찾아가서 설득해 지금의 꽤 넓은 땅이 된 것이다. 건축 비용 마련을 위해서 이것저것 통장과 적금을 해지하고 안성의 땅, 기존 농막까지 팔아서 맞추고 있는 상태여서 추가 토지 비용만큼 대출을 받다 보니 은근히 이자가 부담이 되었다. 따스한 오후 졸음도 밀려오고 해서 잠깐 눈을 붙이려고 하는데 대출을 갈아타라는 국민은행에서 보내온 문자를 보고 전화를 걸어 봤는데 보이지 않는 유령이 들어와서 점점 더 깊게 끌려들어 가게 되는 것이다. 집에 화재가 나서 불에 타는 것을 보면 순간 판단이 뚝 떨어져서 방황을 하고 애태우듯이, 연습하지 않고는 대처할 수 없다. 보이스피싱은 여러 가지 시나리오로 우리의 판단을 무방비로 만들어 버린다.

보이스피싱(Voice Phising)은 목소리로 개인정보를 낚시한다는 뜻이다. 즉 음성으로 스마트폰과 같은 전자기기를 이용하여 개인의 정보를 알아내고 돈을 인출해 가는 사기수법이다. 대만에서는 "신흥사기범죄"라고 하고 중국에서는 "전화사편", 일본에서는 "계좌이체 사기"라고 말한다. 무작위로 개인들에게 공공단체 같은 웹사이트나 위장 메일을 보내어 홈페이지에 접속하도록 유인한 뒤 개인의 통장정보 등을 불법적으로 알아내어 개인정보를 빼어가는 사기 기술이다. 나의 어리석음을 나열해 본다.

코로나19로 인해 국가에서 정책적으로 하는 것이라고 해서 믿었고 개인적 대출이라 주거래 기업은행 지점장과는 상의도 안 하고 혼자 판단으로 하여 시작된 일이다. 국민은행 여의도 지점 전화번호를 찾아서 확인해 보았는데 그 아가씨가 받아서 의심이 가지 않았다. 서민을 위해 국가에서 이자율 2%대로 해준다는 말에만 꽂힌 채 나도 모르게 따라가고 있었다. 이참에 제1금융권으로 갈아탄다는 기분만 앞선 채 고집대로 한 것이다. 나는 대체로 무엇이든 혼자 일을 빨리 저지르고 후회도 많은 편이다. 잊기도 빠른 편이지만 똑같은 실수는 적게 하는 편에 속한다.

12월 강추위로 준공이 나지 않은 상태로 선입주를 하고 살면서 불편한 부분, 하자 부분도 있어 매주 인력을 투입해서 일을 하다 보니 뒷정리와 쓰레기 처리가 더 힘든 일이었고 내부 인테리어 비용도 예상을 너무 벗어나고 공사 시작 1년이 지나갔는데도 주택 일은 끝도 보이지 않았다.

여느 때와 같이 주말마다 뒷정리에 주변 꾸미기, 황토방의 인테리어 등에 집중하고 있는 금요일 이른 오후 시간에 국민은행 담당 그 아가씨가 월요일에 실행하려고 하는데 원하는 금액을 받으려니 평가점수가 모자라서 어렵겠다는 것이다. "좋다 말았잖아요." 하고 전화를 끊으려는 찰나에 방법이 하나 있기는 하다며 오늘 안에 잠시 돈을 넣었다가 월요일 오전에 실행하고 빼면 된다는 지금 생각하면 말도 안 되는 소리인데 이쁘고 상냥한 목소리에 빠진 건지 행동은 지시대로 움직이고 있었다.

직원을 보낼 테니 금융감독원확인서를 보고 통화한 후 주면 된다고 해서 아내한테는 잠시 외출한다고 해놓고 영흥도 농협에서 인출기로 100만 원씩 열일곱 번을 뽑아서, 당당하게 집 근처에서 만나자고 했다. 집은 보여주기 싫었고 전달 장소를 마치 첩보작전 하듯 감독원과 직원 팀장 등의 전화 연결로 약국 앞에서 젊은 청년과 접선이 되고 뭔가 찝찝함에 혹시나 해서 CCTV가 있는 우리 집 대문 쪽으로 유인해서 전달하였고(찾는 데 큰 단서가 됨), 진짜 귀신에 홀리지 않고는 할 수 없는 짓을 그저 시키는 대로 끌려다녔다.

저녁에 아내에게 오늘 일을 얘기했더니 대뜸 의심을 해서 "아니다. 확인해 봤다."고 되레 화를 내고 잠자리에 들었는데 자정이 넘는 시간에 아내가 깨워서 "이거 보이스피싱이다."라며 한숨을 쉬는 게 아닌가. 인터넷으로 여러 상황을 봤더니 틀림없다는 것이다. 다음 날 아침, 토요일이라 확인도 안 되고 혹시나 해서 그 아가씨 핸드폰으로 전화를 하니 연결도 안 되고 없는 번호로 나오는 게 아닌가. 비로소 내가 멍청한 짓을 했음을 알았는데, 쪽팔려서 쥐구멍에라도 숨고 싶었다. 처음에 한 번 연결된 내 폰 번호는 다 그쪽 웹사이트로 연결되어 원격조종으로 돼 있기 때문에 금융관리위원회도 은행 확인도 자기들의 라인조직으로 처리해 버림으로 꼼짝없이 당한 것이다.

어쩌겠나. 멍청한 짓을 저지른 결과가 한심하기 짝이 없었다. 스스로 채찍질하면서 한숨 쉬고 있는데 신고라도 하라는 아내의 말에 조용히 따를 수밖에. 시골이라 파출소에 가서 당직 근무자께 자초지종 조서를 꾸미는데 젊은 경찰관이 친절하게 잘 작성해 준 것 같다. 월요일 지나서 중부경찰서에서 연락이 올 거라고 하여 돌아오면서 "그래, 큰돈 내고 좋은 수업 했다, 멍청아. 아유, 쪽팔려." 진입하지 말아야 하는 길로(No Entry) 접어들면 사고가 난다는 걸 경험했다.

사건접수 한 달 후에 방배경찰서 모 사이버 수사관에게 연락이 와서 단숨에 찾을 것 같아 그 일에 집중할 수밖에 없었다. 그래도 다행이라고 스스로 위안하면서 실낱같은 희망을 가지며 말 못 하고 끙끙 앓으며 지내고 있었다. 다른 큰 범죄조직을 검거하기 위해 지하철역에서 잠복하는 경찰에 사건 전달자가 잡혀서 압수물로 추궁하던 차에 섬에서 왔고 현금 1,700만 원에 택시비와 전달자 비용 등은 제외한 금액을 경찰서에 보관 중이었는데 피해자 신고가 섬에서 중부경찰서로 담당자 외출 등으로 접수기간이 늦었고 확인이 안 되다 보니 국고에 넘어가게 되었다.

금방 해결될 것 같아서 기분이 좋아 방배경찰서에 감사의 표시라도 하려고 했는데 경찰 내부의 부서 발령, 담당자의 외근 근무로 세월아 네월아 하면서 3개월을 소비하고 다시 검찰로 사건이 이첩되었다. 범인이 2명이라 평택과 서울 남부에서 진행된다고, 재판을 거쳐야 한다는데 그 과정도 설명이 없었고 사건 내용도 모르는 범인 재판 출석 일자만 집으로 법원 우편물이 오니까 피해자가 되레 겁을 먹는다. 찾아가서 반환청구서를 작성, 제출하라 해서 하기도 하고 남부지청은 안내부터 여기저기 불친절의 표본이기도 하다. 전화로 문의하면 더 이해할 수 없는 말만 해서 화가 나기도 한다. 이렇게 내용증명, 호소문, 방문 등으로 2년을 보낸 뒤에야 돌려받을 수 있었다.

5개월 전에는 수원의 모 변호사로부터 전화가 왔는데 재판 중인 피의자에게 선처 탄원서를 써주면 갈취당한 65만 원을 자기 돈으로 지급하고 남은 돈 전체를 받도록 무료 변호 해주겠다고 한다. 그래서 진짜 변호사인지 이럴 땐 어떻게 해야 하는지를 담당 법무사랑 친구 조 변호사에게 숨겨두고 혼자 했던 일을 사실대로 이야기하고 자문을 구했다.

 검찰청에 갈 때마다 느낀 점은 위압감을 느끼며 시청 민원 창구처럼 친절히 부드럽게 자세히 알려주면 좋을 텐데, 하는 생각이다. 그때 이후로 전화기의 메시지를 보면 대부분 스팸으로 신고 또는 삭제를 하고 특히 금융 관련 문자는 반응을 하지 않는다. 이젠 내용을 보면 조금 구별하는 법도 터득했다. 전화로 "필요한 자금 없느냐, 정책자금 등도 아닙니다."라고 거절하는 법도 단호해졌지만 지금 사용 중인 전화번호로 이름과 소속을 알고 접근해 와서 사업상 전화번호를 바꿀 수도 없고 고민은 진행 중이다.
 일방통행으로 진입하면 되돌리는 데 진땀을 빼고 상대방에게 피해

를 준다. 진입하지 말아야 할 곳으로 갔다면 되돌릴 수 없는 피해와 스트레스로 마음의 상처가 트라우마로 이어지기 때문에 반드시 "잠깐 멈추고 주위 분과 상의를 해보는 것, 즉시 신고하는 것"이 중요하다. 나의 경우에는 그래도 운이 좋았다고 말해주니 다행이다. 2년간의 스트레스와 헛고생이 다행일까?

최근 몇 년간 보이스피싱으로 입은 피해 금액이 조 단위에 이르는 것으로 조사되었다. 건수로 보면 한해 5만 건이 넘는다. 당신은 보이스피싱에서 자유로울까. 스마트폰이 있는 한 그 수법도 진화되어 대처 방법을 준비하는 습관을 알아두자. 먼저 보안프로그램을 유료로 사용하고, 통장 이체 한도도 적게 하라고 한다. 그리고 노인분은 가급적 폰 결제를 안 하는 게 좋다. 그들의 시나리오와 연기력은 생각보다 높다는 걸 나는 겪어봐서 안다.

아지트(Agit)

소나기의 변덕스러움도 좋다

태양의 강인함도 좋다

보슬비의 느림과 뿌연 안개의 시야가 좋다

계절 따라 피는 갖가지 꽃과 풀들을 따라

작은 노랑나비와 이름 모를 벌떼들도 멋스럽게

다가와 줘서 좋다

가는 정 오는 정 그리움과 기다림

사랑하기 좋은 여기는 내 아지트

냄비 사랑

아내와의 사소한 다툼으로 손수 해 먹는 일이 많아졌다. 첫째 날, 텃밭의 상추와 깻잎, 쑥갓, 당귀 등을 뜯어 즉석 비빔밥에 넣고 아내가 준비해 두고 간 된장국 냄비를 인덕션에 데운다. 둘째 날, 퇴근길에 안동 국밥집 순두부찌개로 끼니를 때웠다. 셋째 날, 부엌 찬장 서랍을 여기저기 뒤져 농심 신라면을 한 봉지 찾는다. 적당한 냄비를 찾아 정수기 물을 받아 끓인다. 넷째 날, 근처 새로 생긴 설렁탕집에서 양곰탕을 시켜 깍두기, 배추김치에 나를 맡긴다. 다섯째 날, 돼지고기랑 야채를 데치기 위해 냄비를 찾는다. 또 이 아이가 나를 반긴다. 여섯째 날(일요일), 아내가 왔다. 김치찌개 냄비에서 냄새까지 나를 반겨준다. 일곱째 날, 미역국이 냄비에서 끓고 있다. 그 아이다. 여덟째 날, 아내가 외출하고 그 냄비를 비우며 한 끼를 해결했다. 아홉째 날, 냉동고의 고기가 얼음덩어리로 있다. 녹이기 위해 냄비를 꺼냈다. 역시 이 아이였다. 오늘은 궁금해졌다. 열째 날, 혼자 식탁에서 책을 보다가 눈이 마주쳤다. 일어나 손을 내밀었다. 얼굴에 흉터가 크게 나 있었고 다리에도 힘든 일을 너무 많이 한 흔적이 마음을 찡하게 한다. 열하나째 날, 아내에게 저 아이가 우리 집에 온 게 언제인지 물었다. 25년은 넘었다고 한다. 열둘째 날, 내가 설거지를 했다. 이 아이를 깨끗이 씻고 또 씻었다. 상처가 지워지지 않는다. 열셋째 날, 그늘을 찾아 자연석 돌로 의자를 만들어 본다. 커피 한잔과 군고구마가 참거리로 나왔다. 나중에 그 애가 설거지통에 태연하게 쉬고 있는 것을 본다. 열네째 날, 인덕션과 가스 불이 너만 오면 좋은가 보다. 다양한 기술과 알맞은 크기로 인해 팔에 상처 났는데도 혹사당하는 네게 하고픈 말은 "미안해. 그리고 고마워." 네가 있어서 내 입과 내 육신이 큰 은혜를 입었구나!

꿩 대신 닭

　60살 이후엔 전원주택에서 살고 싶다는 평소 계획이 이루어져 첫봄을 맞으면서 집 뒤 구석진 공간의 대나무밭 일부를 정리하고 오래된 나무와 풀들을 정리하느라 온몸이 땀범벅이 되었다. 힘들어도, 허리 수술 후 주의도 아랑곳하지 않고 어린아이처럼 웃으며 한 식구가 될 아이들을 생각하며 집터를 정돈하고 있으니, 아내가 "좋은가 보다." 하며 콩 국물과 과일로 간식까지 챙겨주니 일주일의 피로가 싹 가는 것 같다.
　집 짓다 남은 목재 합판으로 재단을 하고 녹슨 톱으로 자른 후 못질을 하고 나니 오전이 다 가버렸다. 페인트칠을 하고 위치를 정하면 이제 사강시장 오일장에 가서 데리고 오면 된다는 차주 계획을 짜고 있는데 이게 잠잘 곳, 집만으로는 안 되는 것이다. 방목을 하면 들짐승들(야생 고양이, 족제비, 너구리, 삵 등)의 먹잇감이 되고 주위가 더러워질 수 있으며 이웃 농작물에 피해를 줄 수 있다.

철물점에서 울타리를 구입해서 조립하는 것이 더 힘든 일이었다. 딱딱한 땅을 곡괭이와 삽으로 파서 단단히 고정하고 시멘트 대신 진흙과 자갈을 넣어 굳히는 작업까지 하루는 짧은 시간이었다. 일주일 후 울타리 설치를 이어갔다. 약 10평 정도의 닭장을 만드는데 2m가 되는 높이와 1m 넓이의 울타리 설치에 아내의 도움을 받으며 조립하는데 앞문 사이즈가 맞지 않아 재작업 등으로 주말도 훌쩍 지나고 결국 가까이 있는 친구 부부의 도움으로 그물망까지 완성했다. 드디어 4월 11일, 보미를 입양시키는 날이다.

사강시장을 찾아 닭을 찾는데 보이지가 않는다. 시장 구경도 할 겸 1바퀴를 돌아도 보이지가 않는다. 할 수 없이 평소에 가끔 가던 횟집 가게 사장께 물었더니 우측 코너에 1톤 화물차를 찾으라고 해서 갔더니 아주머니가 좋은 물건이라고 하면서 트럭에 실려 있는 1개월 지난 청계 수놈 한 마리, 흰색 한 마리, 검은색 한 마리, 토종색 두 마리를 박스에 담아주었다. 조심히 집에 도착한 후 새집에 입소를 시켰다.

며칠 후 앞 철물점에 닭장 설비를 보충하러 들렀는데 도 씨 아저씨가 우리에게 주려고 계란을 부화시켰다는 것이다. 2달 전쯤 물건 사러 갔다가 닭을 많이 키우고 있어서 닭장과 키우는 법 등의 얘기를 듣고 이웃 주민들의 관계도 들으면서 나도 키우려고 한다고 했는데 자기가 부화기가 있으니 해주겠다고 했다. 나는 인사치레의 흘러가는 소리로 받았고 시간이 꽤 흘러 잊어버렸을 거다. 확인하면 부담될 것 같아서 곧장 시장으로 가서 구입했다.

성질 급한 나 때문에 애먼 병아리가 태어났다. 그런데 부화한 일곱 마리 중 암컷 한 마리와 수컷 여섯 마리라서 미리 못 주고 말도 안 했다고 하면서, 암, 수 두 마리만 덤으로 같이 키우라고 해서 다섯 마리 남매와 합이 일곱 마리가 되었다.

내게 오지 못한 수탉 다섯 마리는 결국 식용으로 자라서 앞날을 예측할 수가 없게 되어 미안할 따름이다. 암컷으로 태어나지 못한 수컷에게 그것을 받아들여야 한다고 내뱉으면서 발을 옮겼다. 한 달 정도의 차이니까 싸움도 안 하고 사이좋게 지낼 거라 생각하며, 일어나면, 퇴근 후 하루 두 번 이상을 야밤에도 보초 서다시피 정성을 쏟았다. 2달 정도까지는 이쁜 청계 닭의 놀이에 눈이 즐거웠고 별다른 상황 없이 잘 지내고 싸움도 왕따도 없었다.

며칠 후 그러니까 4개월이 지날 즈음 한 달 빠른 형이 동생을 괴롭히기 시작한 것이다. 암컷들을 차지하기 위해서라고들 한다. 한 달을 이리저리 쫓기면서도 버티더니 또래의 여자 친구들조차 외면하니 완전 고립되어 기어이 죽임을 당하고 말았다. 진작 분리시켜야 하는데 시킬 곳도 없고 설마 했던 것이 현실로 다가와서 안타깝다. 6개월이 지나면서 왕성한 움직임과 사료와 음식, 채소의 소모량도 증가하고 수놈이 대놓고 암컷을 괴롭히는 일이 빈번해지고 있다. 보기 좋은 떡이 맛있고 이왕이면 다홍치마라고 나는 흰, 검은색의 아이에게 눈이 자주 간다.

물론 수놈이 잘생기고 늠름하지만 아무 때나 자꾸 짖어대서 밉다. 산란기에 접어들어서인지, 암탉들의 싸움도 잦아지고 왕따를 시키는 일도 빈번해지고 있다. 수놈의 괴롭힘으로 인해 암탉들은 머리와 어깨까지 털이 다 빠져서 보기가 안쓰럽다. 아내는 수컷의 지나친 성적 괴롭힘을 보면서 엄청 싫어한다. 그래도 유정란을 먹기 위해서도 그렇고 생태계의 자연 순리가 아름다워서 같이 있는 게 신이 준 자연현상 아닐까, 과한 행동이 밉기도 하지만 동물들의 본능을 이해하면서 닭집을 나선다.

 퇴근 후 평소와 같이 잘 있나 하고 보러 갔는데, 흰색의 아이가 구석에 처박혀서 힘없이 늘어져 있어서 먹이를 별도로 주고 다시 어울리는데, 암컷 두 마리가 집중적으로 공격을 한다. 여자의 질투가 무섭다고 하던가. 다음 날 이 아이도 무지개다리를 건너고 말았다.
 앞서간 친구 옆에 나란히 묻어주고, 은근히 닭들의 세상이 사람들 세상과 어떻게 다를까 궁금해진다. 일하지 않아도 사료와 물, 채소, 과일을 매일 주는데 왜 동료를 죽여야만 직성이 풀릴까, 사랑 때문일까, 서열 때문일까, 닭 전문가는 알고 있겠지만 나는 모르겠다. 2주 후 이번엔 검은색 녀석이 왕따를 당하고 있었고 수놈과 암놈이 교대로 괴롭히는 것이다. 내가 이쁘게 봐서 질투를 하는 걸까. 왜 이쁜 애들만 괴롭힐까? 수놈은 맘대로 안 되면 저런 짓을 할까. 암컷들은 왜 동료를 못 봐주나!
 이런저런 생각과 관찰에 집중하던 차에 마침 닭장 밑으로 쥐가 한 마리 목격되어 한 달 전에도 봤는데 잡아야겠다는 생각에 쥐잡이 끈끈이를 모서리 바닥에 덫을 놓고, 기다리는 중 며칠 후 쥐와 참새가 동시에 걸려들어 죽임을 당했다. 쥐만 잡으면 되는데 참새가 잡히니 이것도 안타까운 일이다. 이번엔 새가 못 먹는 구슬만 한 쥐약을 소개받아 거물 안 닭장 밑에 고양이가 먹을까 봐 안전한 곳에 놓았는데 흔적도 없이 사라져서 쥐는 죽었겠지, 하고 안심이 되었다(이 약은 먹으면 땅속이나 멀리서 죽는다고 들었다).

며칠 후 농장을 둘러보면서 고구마를 캐고 마늘과 양파를 어디에 심나, 하고 발을 옮기는데 족제비가 한 마리 죽어서 있지 않는가. 순간 쥐약을 먹고 100m 넘는 여기서 죽었다, 내가 죽인 것이라는 생각이 들었다. 목표물이 자꾸 다르게 결과가 다가오니 미안함과 다른 방법을 다시 고려해야겠다고 생각하며 먼저 간 두 마리 옆에 나란히 묻어 줬다. 앞서간 두 닭을 혹시 이놈이 죽였나 설마, 이런저런 생각에 혼란스러웠다. 며칠 뒤 검은 암탉도 무지개다리를 넘었다. 10개월 동안 정들었는데 불과 4개월 만에 세 마리가 죽었다. 참새와 족제비도 의도는 아니었지만 함께 구름다리로 갔다. 얘들의 세계에서도 살아남기가 쉽지 않구나, 자연의 섭리 속에 미물들의 삶도 그렇게 흘러간다.

또다시 찾아온 가을이 깊어지면서 매일 1개 또는 2개의 유정란을 선물 받는 기분은 좋지만 함께하지 못한 먼저 무지개 마을로 간 얘들의 모습에 씁쓸하기도 하다. 한겨울에도 따스한 물과 적당한 채소, 사료, 추위와 환기로, 대게와 꽃게 껍질을 말려 찧어서 섞어 먹이는 영양식까지 보미에 대한 우리 부부의 사랑은 청계란의 수확이 한몫을 하기 때문이다. 수탉의 울음소리도 괜찮다고 이해해 주시는 이웃 어르신께 청계란을 며칠간 모아서 5개씩 들고 갔더니 고마워하신다.

닭대가리!

　겨울나기가 힘들 것 같아서 닭장을 크게 하든가 비닐하우스를 짓든가 이렇게 저렇게 비용을 따지다가 아예 반영구적인 컨테이너 중고를 구입해서 이참에 반영구적인 호텔로 변신시켜야겠다는 생각을 하게 되었다. 기존 닭장을 한 모서리로 옮기고 컨테이너를 안착시킨 후 페인트를 칠하고 사용하던 그물망과 재고로 남아 있는 그늘막 포장까지 하고 나니 과거 내가 생활한 농막 수준의 깔끔한 집으로 변신되었다. 다만 에어컨과 전기가 없을 뿐 흙 놀이 마당도 넓고 나름 추위와 더위를 지켜주는 쓸만한 닭집으로 변신했다.
　어른들께서 하는 일이 서툴거나 기억력이 좋지 못하고 어리석은 사람을 "닭대가리 같은 놈."이란 말을 사용하는데, 닭들을 1년 넘게 키워보니 맞구나, 하는 생각이 든다. 매일 두 번씩 들어가고 대화하고 물, 야채, 사료를 주는데도 깜짝 놀라는 건지 줄행랑을 치는가 하면 좁은 공간에서 뛰고 날고 야단법석이다. 조용히 들어가 보고, 노래하며, 음악도 틀어주고, 맛난 고기를 줘도, 마찬가지인데 다만 조금 있으면 다소 진정은 되어가는 것 같다. 지난여름에 정원에서 뱀이 한 마리 발견되어 손주가 보고 있어서 죽이지는 못하고 작대기로 걷어서 풀숲으로 던졌는데 문득 닭들이 좋아한다는 말을 들은 적이 있어 손주 몰래 숲속에 가서 풀을 걷어내고 그놈을 찾아 기어이 닭에게 주었는데 겁을 먹고 도망을 가는가 하면 질식을 시켜줬는데도 먹지를 않아서 결국에는 뱀의 목숨만 빼앗는 우를 범했다.

　서로 뭉치다가도 싸우고 질투하고 식량을 충분히 주는데도 못 먹게 하고 주인도 몰라보고, 예의도 없고 수놈은 암탉을 다 자기 소유물로 보고 있지 않나 한심하기조차 하다. 정작 참새들이 20-30마리씩 집단적으로 침입해 와서 자기들 식량을 축내도 꼼짝 안 한다. 같은 새과라 동질성이 있어서인지, 아니야, 자기 형제도 죽이는 판에 새들을 생각하고 보호한다고는 믿기지 않는다. 그런데 수놈들만 왜 울까. 미움받아 죽을 수도 있는데 "송과체"라는 신경섬유가 있어 조그마한 빛에도 멜라토닌을 조절하기 때문이라고 한다. 동물 중에 수놈들이 대부분 어딜 가나 말썽을 부리는 재주 하나는 있나 보다. 신기한 것은 암탉을 보호하고 방어하고 먹거리도 안전한지를 먼저 확인 후 먹도록 배려하는 건 인간과 닮았다.

　쾌적한 환경 때문인지 세 마리가 되고부터는 괴롭힘도 줄고 암탉끼리도 싸우지 않고 계란도 매일 골고루 주는 걸 보면 1:3이 적정 마릿수가 아닐까 싶다. 닭대가리 방식이라고?

전원생활에서 닭을 네 마리 정도 키우면 잃는 것보다 얻는 것이 더 많다.

첫째, 싱싱한 유정란을 매일 먹을 수 있다.

둘째, 음식물 쓰레기가 현저히 줄고 퇴비로 사용하여 쓰레기가 없다.

셋째, 배설물은 유기농 퇴비로 사용하여 토양도 보호되고 좋은 채소를 수확하여 건강에 유익하다.

넷째, 손주들이 오면 친구가 되어주고, 동물원 구경도 시켜줘서 좋은 추억거리가 된다. 또한 자연친화 접근이 곧은 심성 교육에 도움이 된다.

사실은 보더콜리라는 개를 한 마리 키울 생각이었는데 같이 돌볼 준비가 안 되었고 뒷정리와 이웃의 눈총도 두려웠다. 15년간 함께한 "도래미"를 무지개 마을로 보낸 후유증도 있고 함께할 아이에게 마지막까지 행복하게 해줄 자신이 없었다. 우리 모두가 나이 들고 병들고 늙어가지만 동물들도 마지막 순간에 많은 상처를 주고 미운 정 고운 정으로 더 아프고 힘들기 때문이다. 그래서 대신 가족으로 맞이한 게 청계닭이고 봄에 왔다고 "보미"라고 부른다. 꿩 대신 닭이라고! 덕분에 오늘도 우리 부부는 행복에 플러스를 받고 있다.

촌놈의 도시 생활

　시골에서의 집 앞 들판은 나의 운동장이었고 산은 동네 놀이터였는데 갑자기 바뀐 부산의 환경 변화에 적응하기는 쉽지 않았다. 오목조목 붙은 스레트 벽돌집과 간혹 보이는 이층집, 옆집과 다닥다닥 붙어 있거나 골목에 위치해 있는 정화조의 화장실은 사용하는 데 눈치를 봐야 하고 거실 밖의 수돗가와 현관문만 열면 마을 도로로 연결된다. 깨끗하지 않은 뒷도랑의 생활 쓰레기랑 집 앞에 어지럽게 쌓인 연탄재 더미, 사잇길 골목마다 마대를 깔든가. 평상이 있는 집 앞은 그 골목 아주머님들의 수다 장소이고 저녁이면 아저씨들의 피서지이기도 하다. 더운 여름에는 흰 런닝 차림, 짧은 바지에 손에는 부채가 하나씩 쥐여 있었다.

　7월 한여름 어느 날, 아버지 손에 이끌려 온 촌아이가 본 도시는 신기하면서도 숨이 막히는 곳이었다. 1박을 하고 아버지는 가고 나 혼자 외삼촌 댁에 남게 되었고 코앞에 있는 학교가 유일한 친구였다. 거리를 헤매고 있으면 많은 버스에, 오토바이, 먹을 것이 많은 상점, 그 뒤의 제법 큰 개울에는 온갖 쓰레기와 냄새로 뒤덮여 있고 거리에는 시장통답게 아이들도 많고 가게도 즐비하고 다들 바쁘게 움직이고 있었다.

8월에 전학 온 학교에서 다정한 선생님(이원길 선생님) 덕분에 쉽게 적응하게 되었다. 선생님은 연세가 좀 있었고 온화한 얼굴이었으며 겁먹은 나에게 어깨를 만지며 "어려운 일 있으면 언제든 교무실로 오렴." 하면서 빨리 적응하는 데 많은 도움을 주셨다(20년 전에 수소문했으나 아마 별세한 것 같다는 말만 들음). 금세 친구 고태식, 손진봉과 친했는데 애들은 공부도 잘하는 것 같았다. 특히 태식이는 4학년 때 청송에서 나처럼 전학 온 아이였고 형과 누나와 셋이서 집을 구해서 살고 있는데 집에는 사과와 고구마 등 먹을거리가 늘 있었다. 누나는 직장에 다니고 형은 고등학교에 다니는데 형제, 남매가 같이 살고 있는 게 많이 부러웠고 학교와 외삼촌 집 중간에 있어 자주 들러서 놀고 왔다.

하루는 누나의 방문이 열려 있고 문턱에 큰 책이 있어 슬쩍 봤는데 반라의 아름다운 여성 사진이 있는 게 아닌가. 페이지를 넘기며 보고 싶었는데 우리는 보면 안 된다고 태식이가 문을 닫았다. 지금 생각하니 여성 브래지어나 속옷 선전인 것 같고 《여성중앙》 잡지였는데 뒷날 여기저기서 꽤 많이 본 것 같다. 아마 그때가 여성에 관심이 많은 사춘기였던 것 같기도 하다.

방과 후 집으로 가지 않고 여기저기 헤맸던 이유는 갈 곳이 없어서였다. 내 방은 안방을 거쳐야만 출입이 가능해서 들락거리면 어린 여동생 둘을 키우시며 근처에 있는 친정 동생도 돌보는 외숙모에게 누가 될 것 같고 저 때문에 신경 쓸 것 같기도 해서, 한번 들어가면 나올 수 없는 방에서 공부만 하기도 싫었기 때문이다. 도시에 가면 좋은 집에서 맛난 거 먹으며 재미있게 지낼 줄 알았던 나의 꿈이 완전히 깨져버리는 건 그렇더라도 밤이 되면 무섭고 두려운 일이 계속된다.

내가 거주하고 있는 곳의 외삼촌께서는 3남 2녀 중 둘째로 부산역 근처의 부두에서 근무하셨는데 새벽에 갔다 밤 10시쯤 오시든가 가끔 야간작업 때는 이틀 만에 오시기도 했다. 하역 근로자였지만 우리나라가 산업화의 입문에서 수출입 화물선이 부두에서 대기하고 있을 정도로 수작업 일이 많아서 임금이 센 것 같았다. 자동화가 안 된 시기라 사람이 삽으로 석탄이나, 설탕 원료 등을 밤새 퍼 날라야 된다고 한다. 임금(Pay)이 세다 보니 입사하려면 웬만한 백이나 뒷거래 없인 입사가 어렵다는 것이다. 막내 외삼촌도 형의 도움으로 같은 부두에서 일하는데 성격이 느긋하시면서 정이 많고 늘 웃는 상이시다.

몇 년 전에 매스컴에 나왔듯이 모 자동차 회사 생산직의 승계가 노조, 지인 등에 얽힌 사례랑 비슷하다. 부지런한 외삼촌은 늘 예의 바른 자세를 잃지 않고 실천하시어 이웃에서도 존경받는 분이었다. 그러나 성격이 불같아서 외숙모와 조카들은 항상 긴장되어 있었다. 어느 날 예고도 없던 장대비가 와서 비를 흠뻑 맞고 버스정류장에서 20분 거리의 집까지 걸어서 오셨는데 회사에서 안 좋았던 일이 있었는지 비를 많이 맞아서 화가 나셨는지 모르지만, 수돗가에 가서 물을 한 바가지 떠오시더니 마루에 붓는 것이다. 외숙모님은 말없이 물을 훔치고 계셨다.

살다 보니 조금은 이해가 간다. 딱히 '이렇다.'라고는 모르지만, 삶이 힘들고 지칠 때 뭔가 잘 풀리지 않을 때 가족의 사랑이 고플 때라고. 그러나 그 행동이 본인한테는 다소 스트레스가 해소될지는 몰라도 숙모님과 나에게는 한층 더 거리감을 유발하지 않았나 생각도 든다. 외숙모님은 나와 같은 면 출신인데 일찍 어머니를 여의고 계모 밑에서 배다른 동생 셋을 돌봤고 아버지가 돌아가신 뒤 결혼 후에도 옆에 살도록 하면서 돌보는 효심 깊고 속 깊은 분이었다. 같이 생활한 4년 동안 나에게 단 한 번도 화를 낸 적 없고 다정히 대해주셨다. 집에 방이 2개인데 자녀가 2명이면 웬만하면 매형의 자식에게 방 하나를 줄 수 있을까. 보통 사람들이면 줄 수도 없고 부탁도 하지 않았을 것이다. 자식 공부시키려고 부탁한 아버지도 대단하지만 자신의 처지가 아닌데도 선뜻 방을 내주고 보살핌을 담당한 외삼촌 내외분이 보통 분은 아니다.

중학교는 반송에서 동래까지 차로 40분쯤 타고 거기서 또 10분 정도 걸어야 하는데 지각하는 일이 많아졌다. 특히 겨울에만 그랬다. 저녁 식사 후 외삼촌께서 퇴근하시면 8-9시. 인사하고 들어가면 공부하는 척하든가, 책만 펴놓고 졸든가 아니 미닫이문 옆 TV 연속극을 소리로 듣는 것이 더 많았다. 한번 들어가면 안방으로 나올 수 없으니 부엌 쪽 문으로 나와야 하는데 거기엔 냄비랑 여러 가지 부엌 기구들이 쌓여 있어 사용하기도 힘들었다. 새벽녘에 소변이 마려워 정말 견디기 힘들 때가 많다. 할 수 없이 30cm×60cm 크기의 창문 중 한 곳을 열고 고추만 내고 밖으로 쏠 수밖에 없다. 팬티에 반은 젖고 반은 문밖으로 보내는 해결의 문이었다.

옆집의 아저씨 아주머니라도 볼까 맘대로 시원하게 힘줄 수도 없었다. 찔끔찔끔 조마조마함이 마무리되면 얼마나 시원한지 모른다. 방학이면 시골 아니 우리 집으로 가서 신나게 놀다 또다시 돌아오면 여름 더위를 피해 갈 곳이 별로 없었다.

집에서 3-4km 가면 계곡물이 있는 산이 있었는데 그 옆에는 큰 무기 만드는 공장이 있다고 들었다(뒷날 이곳이 풍산금속이고 내가 사업을 시작한 후 거래처가 되기도 했다). 작은 폭포와 움푹 파인 계곡에는 머루랑 다래도 있었고 물고기도 잡을 수 있고 계곡물에 멱을 감고 팬티도 빨아 말리거나 들 말랐어도 입고 오면 몸이 말려주었다. 내 형제 부모가 없는 집보다는 혼자 헤매고 다니는 나의 중학생 시절은 별로 남은 기억도 없다. 여름이 가고 가을 김장철이면 온 동네 골목마다 배추와 무우밭으로 변하고 바닥엔 물이 흘러 천으로 된 운동화를 적시지만 남녀노소 사람들은 서로 돕기도 하며 돼지고기 수육에 동네잔치가 벌어진 것 같기도 하다. 그러나 나는 오히려 더 혼자 또는 친구들과 산속으로 들판으로 헤매다 공부하고 늦게 오는척했다.

걸어서 20분 정도 가면 윗 반송동에는 삼류극장이 한 곳 있었는데 한번 입장하면 2편을 보는 곳인데 중학생이 표 사기란 쉽지 않은 성인물도 눈치껏 구매해서 들어가는 일이 많았다. 사춘기 때 성인영화는 얼굴이 뜨겁고, 불쑥 나도 모르게 부풀어 올라온 성기를 팬티 옆으로 주머니에서 손을 넣어 억누르기도 한다. 때론 슬픈 감정에 눈물이 범벅이 되기도 해서 더 매력적으로 끌려들어 가는 것 같았다. 다시 찾아

온 겨울은 화장실 옆 창고에 연탄을 쌓는 일이 알려준다.

　월요일 아침 평소에는 숙모님이 일어나라고 부르기 전에 일어나서 안방에 소리가 나면 한참 후 조심스럽게 나가서 용무를 보고 세수를 하는데, 이날은 눈은 반쯤 뜨고 몸은 일어날 수가 없고 머리는 쪼개지듯이 아프고, 정신이 오락가락 그야말로 미칠 지경인 상태로 속이 울렁거리는 연탄가스 중독을 맞는 날이면 말없이 허공만 휘젓는다. 놀란 숙모의 팔과 몸에 이끌려 겨우 일어나 부축을 받고 수돗가 얼음 위에 쓰러져서 숨을 헐떡이면 숙모님이 김칫국물을 한 사발 들고 오면 억지로 마신 뒤 어제 먹은 것까지 모두 토해내고 그래도 울렁거림과 혼미한 상태는 잘 가시지 않는다. 1시간쯤 지나 억지로 차려준 식사를 한 술 뜨고 학교에 가면 오전내 아무 생각도 없이 있다가 선생님께 혼나는 게 태반이었다.

　정말이지 죽는 게 나을 수도 있겠다는 생각이 많이 들었다. 울면서 이러지도 저러지도 못하고 시골에 계신 부모님께 말도 못 하고 중학생인 나는 방황 아닌 방황을 하고 공부 잘하는 척 그렇게 또다시 겨울을 맞으면 나는 시체 아닌 시체가 된다. 연탄가스 속의 일산화탄소 중독은 당해보지 않으면 모른다고 본다. 성적표를 봐도 중2 때부터 중하위로 처지고 기억도 잘 안 나고 멍청한 내가 보이는 것이다. 지금 생각해도 일산화탄소의 장기적인 후유증으로 기억력 감퇴, 운동장애, 내장기관의 고장, 등의 원인이었다고 단정한다. 연탄가스 중독으로 인해 나의 인생이 완전 엉망이 됐다고 이놈의 일산화탄소 가스에 짓눌린 4년을 기억하고 싶지가 않다. 사회에 나와서 생활 중에 연탄구이 음식을 싫어하는 이유도 그때의 트라우마 때문이다. 연탄이 없는 세상이 얼마나 좋은 것인지는 당해본 나는 안다.

　내가 전학 가서 4년 동안 외사촌 동생이 2명 더 태어나고, 마침 시골 바로 위 형님이 철도공무원으로 부산에 발령받아서 둘이서 외삼촌 집 근처에서 자취를 하게 되었다. 형제가 같이 산다는 게 얼마나 즐겁고 해방된 기분인지 모른다. 시골서 같이 있을 땐 아버지가 일부러 남긴 갈치구이 한 토막을 서로 먹으려고 싸우기도 했건만, 일찍 부모 곁을 떠나 객지에서 눈치만 보며 외톨이가 된 나에겐 든든한 울타리였고 집에 올 수 있는 계기를 만들어 주었다. 청년이 되면 배필을 만나는 게 뭐 그리 급했는지 아버지는 큰형님처럼 같은 면에 알고 지내는 지인분의 따님과 혼인을 빨리 시키는 바람에 함께 생활을 못하고 또다시 나 혼자가 되었다. 지금도 난 미역국을 좋아하는데 아마도 외사촌 동생이 연년생이라 자주 먹었던 게 영향이 있지 않았나 생각한다.

　그토록 녹록지 않은 환경인데도 누이의 아들을 돌봐주신 외삼촌이 혼자되기까지는 군 제대 후 대학 4학년 때쯤인 것 같다. 자주는 아니지만 매번 들리고 놀다 왔는데 병원 입원 후 1년 정도 지나 외숙모님이 간암으로 돌아가셨다. 어머니께서도 일찍 돌아가셨는데 나에겐 엄마 같은 분이었는데, 많이 슬펐고 안타깝고 그리웠다. 나의 사랑은 물론 자식들의 사랑과 효도도 한번 받지 못한 채 1985년에 어린 자식들을 두고 좋은 세상 살만해지니 너무 이른 나이에 가셨다. 아들을 얻기 위해 심적 고통도 있었지만 기어이 딸 셋에 두 아들까지 얻었는데, 하나님이 원망

스러웠다. 장례식날 버스를 타고 청도 선산에 가는 도중에 10살인 막내 조카는 엄마가 영영 오지 않음도 모른 채 웃고 장난치는 것을 보면서 한숨만 나왔다. 그 애를 안으며 엉엉 또 울 수밖에 없었다.

장례 후 집에 들렀을 때 외삼촌이 다섯 아이를 모아놓고 "엄마는 갔지만 산 사람은 살아야 한다. 살아 있는 우리가 잘 살아야 된다." 할 때 주위 사람들이 또 한바탕 울음바다가 되었다. 5남매는 잘 자라서 뿔뿔이 자기 몫을 하는 사회인이 되었는데 장녀와 큰아들이 일찍 여읜 어머니가 너무 보고 싶었는지 세상을 너무 빨리 하직해서 가슴이 아린다. 못 돌봐준 죄책감도 함께 들면서 슬픔도 함께한다. 외삼촌은 몇 년 뒤에 아버지가 소개해 준 분과 재혼하시어 명절이면 시골에도 자주 오셨는데 그때마다 뵙곤 했다. 슬픔인지 그리움인지 세월에는 장사 없듯이 눈가에는 너그러움과 애환을 간직한 채 말없이 눈빛만을 남긴다.

2001년도 내가 사업을 시작하고 4년쯤 되던 해에 서울로 모셔 남산과 경복궁으로 해서 일산 자유로의 통일전망대 등을 관람시켜 드렸는데, 옛날 군 생활 때 이곳 근처 김포에서 근무했다며 회상하는 모습과, 흰머리와 축 처진 어깨를 보며 많이 늙으셨구나, 건강하게 잘 사셨으면 좋겠다고 생각했다. 그리고 5년 뒤쯤 치매로 고생하시다가 2006년에 돌아가셨다. 그때 막내 꼬마가 의무경찰이 되어 경기도로 왔을 때 면회를 받아 집에 초대해서 1박을 하고 갈 때면, 왜 그리 눈물이 나던지, 너라도 잘 지내고 가정을 돌봐줘서 고마웠고 힘닿는 데까지 내가 도울 거라고 다짐했다. 제대 후 경찰이 되어 결혼도 하고 아들, 딸 둘 낳고 재혼으로 오신 홀어머니 모시며 자주 연락이 오가고 달갑게 지내는 사이였다.

2022년 봄 어느날 막냇동생이 보낸 장문의 문자가 왔다. 다급한 처지에 놓인 것 같았다. 전화를 걸어 물어봤더니 살고 있는 집을 팔고(내가 있었던 집) 딴 집으로 옮기는 과정에 대출 상황이 계획대로 되지 않아 공백이 생겨 상대에게 조금 여유를 달라고 했는데 경찰공무원이 사기 친다 하면서 막무가내로 직장에까지 못 다니게 해버린다고 한다는 것이다. 해서 처갓집 도움도 일부 받고 고민 끝에 체면 무시하고 형님한테 6개월만 3,300만 원 부탁한 것이다. 처음으로 오죽했으면 부탁했겠나 싶어 개인 돈은 괘념치 않고 회삿돈이라고 하고 약속 다짐을 한 후 회사에서 차용을 해줬다.

며칠 뒤 전화가 와서 "형님 고맙고 약속 꼭 지키겠다."라고 해서 아무 일도 없는 것처럼 시간은 지나갔다. 약속한 기일이 되자 여직원이 조카분 약속이 지켜지지 않고 있다고 해서 문자로 일깨워 줬지만 연락이 없었다. 그렇게 또 며칠 뒤 통화로 "한 달만 더." 해서 그래라, 했는데 다음 달에 1,000만 원이 들어와서 다행이었다. 그럴 수 있어, 기다릴게, 대신 연락은 지금처럼 해야 된다고 했는데, 전화도 안 받고 외갓집 소식도 못 듣는 상황이 지속되어 속이 상한다.

"동생아, 나머지 돈 2,300만 원 안 받아도 된다. 내가 대신 갚으면 되는데 이 일로 인해 우리 사이가 끊어진다면 안 되지 않겠니, 너의 부모님께 그리고 너희들께도 난 많은 신세를 진 사람이야. 나의 이런 마음을 받아주면 좋겠다. 경찰답게 형님 형편이 나아지면 언젠가 갚을게요, 이 한 마디만 하면 된다."

올 추석에는 너의 부모님이지만 나를 자식처럼 돌봐준 나의 외삼촌, 외숙모가 묻혀 있는 산소에 한번 갔다 와야겠다.

그래도 2만 불,
OECD 국민인데

명절 때마다 느끼는 마음이고, 지나고 나면 아쉽고 안타까운 현실이다. 도로마다 귀향하는 사람들, 며칠 후면 귀성하는 사람들이 나라 전체의 도로로 나와 움직이는데, 그때도 이 정도야, 요것쯤은 하면서 아무 데나 버리고 지나치는 쓰레기들로 도로는 온통 몸살을 앓는다.

가는 곳마다 꽉 막히는 도로 모두 짜증 나고 힘든 시간이지만 그래도 찾아갈 고향이 있고 처가와 친인척이 있어 행복하고 그리운 부모님과 친구들 있어 설레는 길이다. 마음은 천사 같은데 머문 자리는 쓰레기다. 우리 잠시 생각을 달리해야 한다. 혼자가 아닌 가족동행인데 자신이 만들어 낸 쓰레기를 아무 데나 버리고 지나친다면 명절 때 온 국민의 생산 쓰레기양이 얼마나 될까.

우리가, 아니 내가, 내 가족이 만들어 버린 쓰레기가 모여 온 아름다운 산과 들이 쓰레기 동산이 된다면 어찌 될까 생각을 해야만 한다. 사람들이 머문 자리엔 늘 눈살을 찌푸리게 하는 무엇인가 있다.

"이건 아니잖아요." 싶다가도 우리 국민 수준이 말해준다는 생각에 마음이 씁쓸하다.

아이들에게 "차 안에서 담배 피우고 창밖으로 꽁초 버리는 남자는 사윗감으로 안 되는 딱 한 가지."라고 힘주어 말한다. 자유민주주의 자본 사회지만 청소부가 해야 된다는 그런 생각을 버리고 '너나 잘해.'라고 '난 알아서 잘하고 있어.'라는 생각을 버리고 나부터, 우리부터, 이젠 선진국 국민답게 사소한 것 하나부터 먼저 실천하고 도로에선 양보하는 그런 습관을 우선할 때다.

-2012년도 만들다 중단된 《공감》에서 발췌하다-

올라갈 때 보이지 않았던 그 꽃

1)
모두가 좋아하는 인기가 많은 너는 참 좋겠다
오가다 어디서나 볼 수 있고 친밀감이 더해서일까
선거로 왕과 비를 뽑는다면 네가 당선되어 미의 제국이 영원하리
뿌리가 얽히고설킨 상태에서 싸움도 할 줄 모른 채
뭉쳐서는 더 밝고 흩어져도 아름다운 건 아마
세상에서 네가 너네가 사랑 독차지하니
그 사랑 나누고 싶어 모두에게 기쁨을 주나 보다.

그래도 우리는 너희들을 구분하고 분리한다
귀하고 덜 귀한 존재로 접근해서 속상할 때도

있지! 근데 너희들은 이쁘고 사랑만 받을 수밖에 없는
이유가 어디서 나올까

내가 맞춰볼까
지구의 최초 자연만을 사랑하고 산업화를 멀리하고
흙의 향기와 천연자양분만 먹고 살기 때문이지
그리고 항상 긍정의 힘으로 적응하는 근성과, 순응하는
자연의 논리대로 살기 때문이지

주인이 찝쩍거리면 때론 반항도 해볼 텐데
순하디순한 너를 좋아할 수밖에
내 이름이 푸나무란다.
너희들을 보면서 지은 내 이름 풀과 나무 그리고 꽃

2)
30에는 오로지 앞만 보고 뛰었다 꽃인지 열매인지
풀인지 나무인지, 본 것 같기도 안 본 것 같기도
간혹 지나가는 시골버스를 보며
손을 흔들어 주는, 웃고 조잘거리는 아이들처럼

40은 속력을 내서 페달을 밟고 더 빠르게 뭔가 와줄 것
같은 뭔가, 딸 수 있을 것 같은, 이쁜 꽃이 내 손에

들어올 것 같아서

50은 목표가 이루어질 것 같은 필이 와서 계절의 꽃들을
무시하고 거북이와 토끼의 몫까지 함께 하면서도
아주 가끔 새싹들도 꽃을 피우고 가을엔 열매를 줌에
감사도 할 줄 알았다.

60에는 개구리 우물 안에서 힘껏 살았구나!
봄의 향연에 여름의 싱그러움에 가을의 풍요로움에
겨울 난로가 진한 커피 한 잔을 앞에 두고 겨울꽃을 보는 여유랄까
그것도 내 몸이 삐걱거리고 수리와 교체를 하면서 얻은 것

그래 어쩜 지금부터 올라올 때 보지 못한 꽃들을 거북이의
여유로 보면서 계단이 아닌 둘레길로 틈새의 꽃까지
함께 해보련다.

-5월 중순 무슨 꽃 향기인 줄은 모르나 온통 향기에 젖는 나의 4평 바닷가 도파민힐에서-

세모네모 & 사랑

이기자부대

1981년 5월 3일 입대 영장을 받고 경산의 어느 학교에 집결하여 열차로 도착한 곳은 춘천 103보충대, 4일간 머물 때 신체검사를 다시 하는데 집으로 돌아가는 사람도 꽤 있었다. 자신만만하게 입대해 놓고 갑자기 두렵기도 하고 버틸 수 있겠나 싶어 어디 아프다고 하고 가버릴까도 생각했지만, 그래도 사낸데 하며 고향 친구들과 함께 자대 배치를 기다렸는데, 철책사단이 편하다고 하는가 하면, 27사단만 피하면 된다는 얘기도 들려서 설마 했는데, 이유는 6.25 때 사단기를 인민군에 뺏겨서 예비사단으로 훈련이 힘들다고 소문이 퍼진 부대라고 했다.

대한민국에서 제일 빡센 부대로 일명 "가지마부대"인 이기자부대 훈련소로 배치가 되었다. 도착과 동시에 뺑뺑이를 돌리는데 1시간 이상을 선착순으로 여기저기 목표물까지 왔다 갔다 돌리면 살아남기 위해서 땀범벅, 코 눈물을 흘린다. 완장 찬 베레모의 조교들이 따라오면서

호각 소리와 구둣발로 회초리로 괴롭히면 조금 하다 말겠지, 멋모르고 따불백 메고 버스에서 내린 첫날인데 그러겠냐고 생각했던 게 이건 완전 헛다리를 잡은 것이다. 민간이 군인으로서 첫발을 딛는 것이 그리 만만하겠냐만, 다리에 경련이 나고 쓰러지고 얼차려에 혼을 빼는, 사람 잡는 첫날로 기억된다.

5월에 눈이 오고 비가 오는 화천의 날씨에 새 옷의 훈병이 흙과 땀 범벅으로 더럽혀졌고 숨 쉴 틈도 없이 얼차려를 받고는 모두 집합시켜 어둠이 내리는 훈련소 연병장에서 〈어머니 은혜〉 노래를 부르게 한다. 모두가 울보가 된다. 훈련기간에 더 힘든 건 식사시간을 단축해서 배식을 줄 서서 하고 나면 밥숟가락을 두세 번 왔다가 들어오면 "식사 그만."이란 명령에 배는 고프고 짠 밥통에 들어가기 전에 몰래 한 술 더 떠먹다 도중에 발각되어 그 자리에서 식기를 든 채 얼차려에 매질을 당하는 게 정말 억울했다.

그래도 먹고 싶어 같은 행동이 이어지기도 한다. 우리 부모님들이 가난을 제일 싫어했듯이 먹는 것에 대한 애착과 집념은 하나님이 인간에게 준 생존의 끈이라는 걸 실감하는 경험이다. 왜 그리 배고픈지 실컷 좀 먹게 해주면 하는 바람이 제일 컸다. 같은 지역 동기들과 뿔뿔이 흩어지고 일부만 같은 연대 대대 중대 소대로 이어지는데 소대는 거의 없다고 보면 된다.

12주간의 고된 훈련을 마치고 배치받은 곳은 선봉연대 선봉대대 선봉중대 선봉소대였는데 첫 번째란 선봉소대는 뭐든지 먼저하고 먼저 시범하는 편이다. 소대장부터 ROTC 출신인데도 거칠고 성격도 불같고 인상도 험악하게 생겨서, 잠시도 정신을 놓치지 않아야 된다. 6월 장마철과 함께 대부분 유격 훈련이 시작되는데 별도의 산속 훈련장에서 적과 싸울 때를 대비하여 실전처럼 하는 훈련으로 계급장도 떼고 이름도 부르지 않고 번호와 올빼미만 부르게 된다. 얼차려보다 더 힘든 PT체조가 대부분이고 진흙탕 속에서 싸움은 물론 외줄타기, 난간 뛰어오르기, 철조망 통과하기, 사격훈련, 체력단련은 물론 팀워크 훈련인데 마지막 돌아오는 길은 100km 행군으로 마감되는데 발가락엔 물집과 티눈으로 초주검이 되어 부대로 복귀하면 연대장께서 환영과 함께 휴식과 막걸리 파티도 함께한다. 대부분 제대할 때까지(33개월) 두 번 정도를 하는데 나는 네 번을 했으니 어지간히 운도 따라주지 않았다. 물론 한번은 내가 자초한 것이지만 사창리 유격장은 그렇게 나를 좋아했는지 끌어당겼다.

어느새 사창리 계곡에도 가을이 오면 여기도 체육대회가 열리는데 연대장이 어떤 분인가에 따라 다양한 특기가 훈련으로 이어지고 체육대회에 종목이 추가된다. 마치 올림픽 개최국이 자기 고유의 무술이나 운동을 종목에 추가하는 것이랑 비슷하다. 이기자부대는 사단장이 전 군인을 태권도 유단자로 만들었고 77연대는 연대장의 지시로 각 대대 연병장에 사각의 링을 설치하고 복싱을 시켜서 모래판에 링이 만들어져 죽을 둥 살 둥 싸워야 했다. 그래도 가을 체육대회의 꽃인 육상은 내가 기본이 있으니 차출될 수밖에 없었다. 대대별로 선수가 차출되는데 그 바람에 한 달 정도는 모든 훈련 대신 운동만 하니까 편하기도 하다. 훈련 도중에 계곡에 가서 머루랑 다래도 따 먹고 계곡물에 발도 담그고 땡볕 때문에 훈련 대신 운동이 고마운 존재다.

주말에 잠깐씩 만나던 입대 동기들 3-4명 중에, 옆 대대에 있는 김호관 친구와는 자주 보는데 힘들 때 많은 위로를 서로 주고받는다. 이 친구는 도청공무원을 하다 입대했는데 애인 자랑을 많이 했다. 해서 궁금하던 차 마침 면회를 와서 나까지 불러줘 맛난 것도 얻어먹고 애인도 볼 수 있었다. 성격도 좋고 미모도 되고 부럽기도 했다. 연대 체육대회 날 나는 대대 대표로 출전 2등까지 하는 바람에 사단 체육대회를 위해 또다시 15일을 합숙 훈련으로 재미를 보게 되었다(공식기록이 11초 플랫). 훈련 뒤 휴식 때 담장 옆 개구멍으로 옆 대대 친구를 만나 그날 고마움을 전하고, 친구 있으면 소개 좀 해달라고 졸랐다.

몇 달 뒤 면회 올 때 소개할 단짝 친구 사진을 받게 되고 첫눈에 반할 정도였다. 사진이 뽀샵할 요즘의 기술이 아니었는데 어쨌거나 사진으로 본 친구분은 내가 좋아하는 탤런트 유지인, 김창숙 타입이고 한국적인 여인상이었다. 내 눈에 맞는 안경으로 보였다. 둘은 간호사로 서로 절친이라고 했는데 나의 말은 하지 않은 채 갖고 있는 사진을 보여준 것이다.

어머니께서 편찮고, 집에서 면회 올 사람도 없고 입대 전 우유부단, 절제 안 된 생활로 혼자 지내는 게 더 나은 상태였지만 외로운 건 사실이다. 어렵게 받은 주소와 이름으로 주말마다 편지를 써서 부치는 게 얼마나 좋았는지 답장만 기다리다 몇 달은 갔다. 12월 X-마스가 되면 내무반에 사진 전시회가 있는데 거의 모두가 제출하기를 압박당한다. 전시 기간 며칠 전 첫 답장을 받았는데 친구가 나를 좋게 평가하고 내 편지가 매주 오다 보니 마음의 문을 열게 한 것 같았다.

J를 만나다

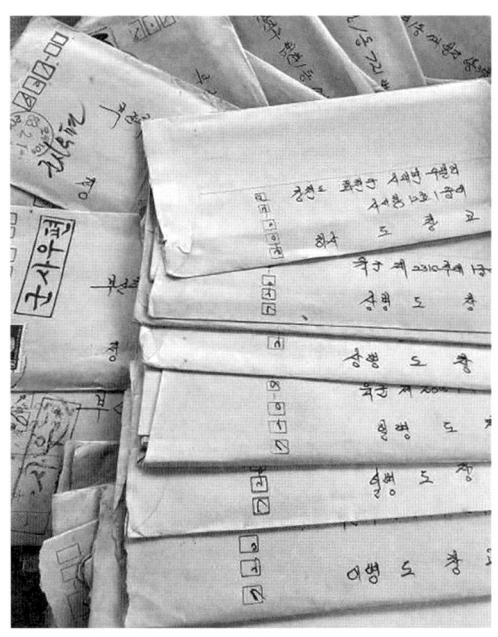

33개월 보낸 군사우편 70통을 보관한 J

그렇게 첫해의 군 생활이 힘들었지만 잘 마무리되고 1년을 지나 첫 휴가를 나와서는 애태우던 그 여성분을 부산 서면의 모 다방에서 만나게 되었다. 시골에서 가다 보니 첫 약속부터 시간을 어겼는데 두고두고 약점이 되어 신뢰를 잃게 되었다. 둘은 조방 앞 버스터미널에서 울산 방어진의 등대로 데이트를 갔는데 이곳은 바닷가의 큰 나무 오솔길을 잘 다듬어 놓은 곳으로 수평선 너머로 오가는 배를 보노라면 파란 하늘, 구름과 바다 위를 노니는 갈매기 떼가 물 위에 앉아서 뱃놀이하는 두 연인의 밀어와 노랫소리를 들어보라고 신호를 보내는가 하면 뱃고동 소리도 줄여주던 센스있는 선장을 떠올린다.

관광지의 휴일은 사람들로 분비지만 생각보다 그리 많지 않은 사람들 속에서 여러 가지 게임도 하고 활어회도 한 접시 시켜 소주도 한잔 하면서 이쁜 이 여성에게 어떻게 해야 맘에 쏙 들게 할까 온통 이 생각으로 가득한데 왜 그리 웃기는 이야기는 안 나오는 건지, 소주 한잔의 힘에 말문이 트이고 용기 내어 지나가는 사람들과 부딪힐까 봐 팔을 잡고서 보호하는 척도 해본다. 다분히 계획적으로 설쩍 상태를 보니 손을 잡아도 될 것도 같고 아닌 것 같기도 하지만 보호하는 척 덥석 잡아버렸다.

첫 데이터에 손까지 잡으면 대성공인데 속으로 쾌재를 부르며 놓고 싶지가 않았다. 등대의 벤치에 앉아 가까이 있는 동백나무꽃이 유난히도 더 빨갛게 보였고 눈 아래 수평선이 보내오는 조개 소리와 물고기들의 합창노래가 우리의 맺음을 응원하는 것 같아 석양이 질 때까지 그렇게 하루가 저물도록 웃고 놀다 보니 부산 가는 막차를 겨우 타고 부산으로 돌아왔지만 통행금지 시간이 되었고 마침 갈 곳도 없었다.

　그렇다고 J의 병원 숙소에 갈 수도 없고 나는 역으로 가서 집에 가든가 아님 근처 여관으로 가야 했다. 어쨌든 데려다줘야 해서 부랴부랴 도착해서는 난처함 속에서 시간은 또 흘러 헤어지기 싫었지만 작별을 하고 그녀의 방에 불이 켜지는 걸 보고 돌아서 나오는데, 작은 소리로 불러서 다시 뒤돌아 갔는데 자기 방에서 자고 일찍이 열차 타고 가라고 했다. 그 대신 절대로 선을 넘어서는 안 되고 금남의 방에 탄로 나면 직장 생활을 못 한다며 약속을 받아야 한다고 그렇게 하기로 했다. 들어올 때 마음이 끝까지 가는지를 테스트하는 것 같기도 하고 나를 알아보기 위한 포석일 수도 있겠다 싶기도 했다. 어차피 내가 한눈에 반해서 만나는데 나도 길게 보고 사귀어 봐야지 속으로 다짐하며 침대 밑에서 선잠을 자고 새벽에 범냇골을 빠져나오는데 새벽공기가 향긋하면서 콧노래가 나오는 건 청춘 남녀 사랑의 새싹이겠지.

　시골집에서 어머니랑 같이 자면서 잘 먹지도 못하고 잘 걷지도 못한 채 홀쭉해지신 엄마를 보면서 해줄 수 있는 건 업어주고 밥 드시는 데 도와주는 것밖에 없어 안타깝고 불쌍해서 눈물만 나왔다. 울지 말라고 하는 엄마는 자기가 오래 못 산다는 걸 알고 있는 것 같았다. 하루 종일 방에 갇힌 채 있다가 오후에 내 등에 업혀 전에 살던 집이랑 주위를 돌면서 4남매 결혼 잔칫날에 사용할 각종 냄비랑 그릇 등을 보더니 "사용해 보지도 못하고 간다."며 또 눈물을 흘리셨다. 부대 복귀 2일 전 다시 부산으로 가서 해운대해수욕장 옆 골목 횟집에서 잡어 한 접시에 소주를 마시며 과거 이야기와 미래의 젊음을 이야기하는 친구들과 어울려 낮술로 끼니를 때우고 퇴근 시간 맞춰서 J를 만나러 자리를 옮겼다.

두 번째 만남은 또 다른 밝음과 미소로 흥분이 함께하는 데이트를 즐기고 서로 헤어짐을 아쉬워하면서, 길을 걸으며 손을 잡고 세상이 모두 우리 것처럼 보여 아름다웠고 가슴이 더 콩닥거렸다. 이대로 끝까지 가고 싶은 남과 여 내일이면 복귀해야 하는데 시간은 아쉽고 빨리 지나갔다. 둘은 그렇게 왕성한 원초적 본능으로 기어이 완전히 허락한 것도 아니었지만 나의 요구에 눈빛으로 받아들여졌고 선을 넘고 말았다. 첫 키스의 짜릿함과 혀끝의 오고 감이 토마토처럼 탄력진 가슴을 만지며 치마 속의 속옷을 발가락으로 힘껏 밀치고 종아리로 이어지는 곡선을 따라 볼륨을 느끼며 불두덩 넘어 하나가 되었다.

받아주고 줌으로 반드시 끝까지 책임진다는 단서도 달았지만 속도 위반을 했고 둘은 점점 알 수 없는 사랑의 긴 터널로 빠지게 된다. J를 만나고는 군 생활도 재미가 있었고 또다시 재회의 미래가 있기에 하루하루가 힘들지 않았고 면회를 기다리게도 되었다.

한편 시골집에서는 내가 입대 전 예비군 중대장에게 힘을(향응 제공) 써서 이곳 훈련소의 인사관께 편한 보직을 받게 해달라고 조치했는데 그분이 깜박하고 배치 후에 찾아와서 내용을 알게 되었다.

&사랑

자식 고생 덜하게 하려고 하다가 헛돈을 준 꼴이었다. 돈을 주고도 증거나 표시를 남기지 않고 믿는 것도 그만큼 순진한 시골 사람들의 장면이라고 생각이 들지만 고생해서 엉뚱하게 쓰여짐은 자식으로서 미안할 따름이다. 또한 입대 전 부모님을 속이고 생활한 것을 알게 되었고 혹시 제대를 안 하고 직업군인이 될까 봐 큰형님께서 면회를 한 번 왔다가 이런 얘기도 하고 딴맘 먹지 말고 무사히 제대해서 오라고 했다. 이런 복잡한 맘을 헤아려서 하나님이 보낸 건지 착한 J를 만나 모든 게 정리되는 것 같았다.

2월이면 팀스피릿 훈련으로 보병의 훈련은 계속된다. 미군과 합동으로 하는 훈련인데 화천에서 여주까지 걸어서 반쯤 가고 반쯤은 차로 이동해서 가는데 차를 타는 것보다 차라리 걷는 게 좋을 만큼 강원도의 밤 온도와 강가의 도로는 혹한기 훈련이랑 다를 바 없었다. 남한강에 도하용 목재 다리도 만들고 진지 구축해서 청과 백으로 싸움을 모의훈련 하는데, 군부대 막사에서의 교육과 육체 노동보다 민간인을 볼 수 있고 몰래 가게도 갈 수 있어서 힘은 들지만 기분은 사뭇 다른 시간이기도 하다.

복귀할 때는 차량 도움도 없이 보병의 특기대로 산으로 계곡으로 목적 시간 내로 도착하기 위해 천문기상의 변화에도 상관없이 행군으로 밤을 새우며 비를 맞으며 걷노라면 패잔병의 모습처럼 걷는다고, 뛰며 군가 부르며 걷고 또 걸어서 부대 정문에 도착쯤 반 녹초가 된다. 막사로 들어와 군장을 풀고 있는데 행정병이 호출해서 본부에 갔더니 집에 갔다 오라고 특별휴가를 주는데 어머니 별세를 5일 뒤에야 통보해 주는 것이다. 그립던 엄마의 모습은 보지도 못하고 선산 9부 능선의 양지바른 곳의 흙이 채 마르지도 않은 흙무덤으로 대신하며 또 그렇게 한이 맺히며 시간은 흐르고 나도 어른이 되어가고 있었다. 임시 휴가 마지막 날 J를 만나고서 끌어안고 많이 울었다. 여자 품에 안겨서 우는 내 모습이 안쓰러웠는지 꼭 안아주고 위로하며 믿어주는 것 같았다.

똥손과 김 병장

 한번은 육사 출신 중대장이 왔다. 온화한 성품이었으나 원칙을 강조하는 분인데 화장실이 더럽다고 몇 번 이전에도 중대 전체에 주의를 줬는데 그날도 맘에 들지 않았는지 전 중대가 집합해서는 훈계를 받았다. 그 후 소대장이 우리 소대원들을 화장실 앞에 집합시켜 분대장에게 똥을 한 삽 퍼오게 해서 소변보는 곳에 부었다. 분대장부터 이등병까지 손으로 청소하라는 것이다. 손바닥과 가락으로 치워진 화장실 청소였다. 그 이후부터는 대변이 밖으로 나오는 경우가 줄거나, 소변대에 이물질도 적게 발생한다는 걸 보았다.
 부대에 배치받고 배가 고파서 잠깐의 매점(PX) 활용 시간에 크림빵을 사서는 고참들 눈치 보느라 못 먹고 호주머니에 넣어서 화장실로 가서 변을 보는 척 빠지락 비닐 소리도 나지 않게 옷 속에서 뜯어 몰래 먹노라면 냄새 향기 빵 맛은 꿀맛이고 귀는 쫑긋 치타에 쫓기는 사슴처럼 긴장하면서도 스릴까지 첨부되어 먹는 건지 삼킨 건지 알 수가 없다. 삼립 크림빵 3개 정도는 10초 정도에 먹었으니, 화장실에서 먹는 빵 맛은 잊을 수가 없지만 쓰레기를 변기에 넣었으니 그 죗값을 육사 출신 중대장께 호되게 치른 것인지도 모른다. 화장실 문화가 정착된 지금도 청결이 되어 있지 않은 장소를 보면 그곳을 가기가 싫어질 뿐 아니라 그때가 생각난다.

　상병을 달고 제법 고참이 되었는데 소속 부대 내에서 분대장을 자체 육성해서 자기 중대에 재배치하는 제도가 있었다(1980-1993년에 상병과, 병장 초의 차출에 의한 분대장 육성 제도). 소대장이 추천하거나 자의 반 타의 반으로 8주 교육을 받고 일반 하사 분대장으로 배치되는데 강릉 출신 멋쟁이 선배 분대장이 거들기도 하고 나도 어차피 군대는 계급이고 짬밥순인데 분대장이 되는 게 좋겠다고 생각했다.

　군 생활 중에 왼쪽 뺨을 늘상 맞다 보니 어느날 피하다가 고막까지 이상해서 지금도 왼쪽 귀가 듣기가 뒤처지는 편이다.

　지긋지긋한 구타 얼차려는 줄이자고 해놓고, 아래 기수 위 기수 사이좋게 지내다가도 고참만 되면 똑같은 짓을 하는 위 기수들을 보면서 또 한 번 고된 훈련을 택하고 소속 부대로 돌아왔다.

　짬밥으로는 오래된 병장과 상병 고참 등 4명이 있었는데, 교육 가기 전에 사이가 좋았던 위 기수가 거의 대장 노릇을 하고 있었다. 아니 못된 짓을 도맡아 하는 것 같았다. 2-3개월 남은 병장들에게는 서로 잘 협조해서 큰 분란이 없는데 유독 김 병장이 날뛰고 있었다.

　선임 분대장에게 내가 군기를 한번 잡을 테니 도와달라고 해놓고 어느날 저녁 취침 점호 준비가 한창인데 그날도 한 소대원에게 혼을 내고 있었다. 소위 고문관인데 솔직히 불쌍했다(사회에선 대학생이었고 다소 늦은 행동과 엉뚱한 소리는 하는 편임). 내가 점호시간도 되었고 이제 그만하라 했는데도 듣는 척 안 들은 척하길래 "김 병장 그만하라니까."

김 병장, 여전히 반말이고 손을 주머니에 넣은 채 짝다리를 집고 있었다. 모든 소대원들이 보고 있는데 나는 워크화를 신은 채 단숨에 단상으로 올라가 허벅다리를 걷어차고는(급소) 주먹을 날리고 넘어뜨려 밟아버리고 같이 붙었다. 분대장들과 병장들이 말리고 아수라장이 되었다. 점호시간에 소대장이 "김 병장 얼굴이 왜 그래?"라고 해서 내가 그랬다고 했다(일전에 소대장께도 사전에 얘기를 했기 때문에). 당연히 분대장 편이다. 다음 날 밖으로 불렀다. 안 나오면 또 터질 거라 다짐하고 불렀는데 나와서 자초지종 "우리가 좋은 사이였고 고참이 되면 하지 말자고 다짐했잖아."

팀스피릿 훈련 중 북한강에서

그런데 더 괴롭힌다는 소대원들의 이야기를 들었고, 나한테도 예의는 갖춰야 하지 않느냐, 내가 직급도 위지만 나이도 자네보다 2살이나 많은 거 알잖아. 언제까지 군 생활만 한다고 생각하니 우리 잘해보자. 어제는 먼저 공격해서 미안하다. 다음 날부턴 변한 모습이었고 제대를 할 때는 서로 웃으며 헤어졌다. 우리는 망각의 동물이지만 힘들고 어려울 때 같이한 전우인데 처음 마음 간직하도록 노력하는 삶이 아름답지 않나. 김 병장도 나도 살면서 좀 더 인간적인 모습으로 살아야 한다는 걸 알고 있다고 본다.

돌고 돌아

군대는 물자가 늘 모자라는 곳이지만 군대 막사 생활공간의 생필품도 한 축을 이룬다.

자기의 의류나 신발, 총, 야전텐트, 삽, 반합 등은 잘 지켜지지만 소대의 공동 세숫대야, 바케스, 걸레, 빗자루, 주전자 등이 모자라면, 일, 이등병 등은 고생이 심하다. 어디서 채우든 숫자가 맞아야 하기 때문이다. 맞지 않으면 병장한테 상병이, 상병이 일등병에게, 최종 이등병까지 얼차려에 엄청 시달린다. 분대장은 조금 자유롭지만 소대장에게 심한 소리를 듣는다.

밤마다 소대별로 보초를 서고 내무반에는 불침번을 세우지만 귀신같이 물자가 없어지고 다시 채우기를 반복한다. 결국 옆 소대 걸 몰래 갖고 와서 채우는데 밤새 페인트를 지우고 매직으로 쓰고 고치는 일을 깜쪽같이 하는 편이다. 뺏긴 소대는 뺏기 위해 다시 작전 모의를 하고 돌고 돌고 원위치의 사이에 애꿎은 일등병만 주로 고충을 겪는다.

일병 말쯤에 이걸 해결하기 위해 나는 모험을 걸었다. 평소 육상선수로 대대장실을 자주 오고 간 적이 있어서 내부를 잘 안다. 대대장실은 어찌 보면 자리바꿈하는 데 좋은 장소이다. 경계가 허술할 뿐 아니라 감히 그런 곳을 넘나드는 사람도 없기 때문이다. 해서 내가 불침번일 때 그곳을 타깃으로 주전자를 훔쳐 와서는 1소대 거인 것처럼 자리바꿈을 해버렸다.

다음 날 대대본부에서 시끄럽게 우당탕하는 걸 들었지만 아무도 우리 소대를 의심하지 않았고, 그 후론 주전자로 인해 중대 내에서 오고 가는 일이 없었다. 중대 행정병이 대대장실 주전자가 없어졌는데, 보초를 강화하라는 지시가 있었다고 하며 대대장이 간 큰 놈이라고 했다고 한다. 어쩜 이런 상황을 다 알고 있었을 것이다. 오죽했으면 대대장실 걸 갖고 갖겠냐고 이해하셨을 것이다. 이분은 승진이 빨리 되었다는 이야기를 뒷날 들었다.

고됨 뒤의 휴식

　군 생활도 어느덧 30개월로 접어들었고 3개월 후 펼쳐질 사회생활이 어떻게 진행될지 조심스럽게 걱정이 엄습해 오는 가운데 군대에서도 자격증 취득을 할 수 있다는 정보를 입수하여 신청을 했다.
　행정관 인사(중사)가 "자격증을 못 따면 죽는 줄 알아, 자신 없으면 하지 말라."고 했다. 말년에 훈련 교육이 싫어서 간다는 내 마음을 짚었는지 어름장을 놓았다. "저도 살기 위해서 하는 것이고, 그동안 뺑이치게 고생했는데 할애 좀 해주십시오. 이 자격증이 사회에서 유익하게 사용될 것입니다." 했더니 웃으며 접수를 해주었다. 기능사 과정인데 위험물 소방 열관리 화공, 자동차 관련 등 안내장을 보고는 열관리 2급을 신청해서 허락을 받고 각 연대에서 온 전우들과 사단본부 별도의 천막 공부방으로 합숙하게 되었다.
　훈련과 교육에 열외되면 심적으로 육체적으로 편안한 건 당연했는데, 한편으로는 한 달 만에 자격증을 따야 한다는 것도 은근히 신경이 쓰여 열공할 수밖에 없었다. 여기서도 찾아오는 주말에는 소주와 외출이 몸을 슬슬 밖으로 차출시키는 게 아닌가. 같이 있던 타 연대 분대장과 죽이 맞아 일요일 오후에 점호 1시간 전에 들어오는 조건으로 막사 개구멍으로 탈출하여 사창리 읍내에서 소주랑 두부김치, 파전에 빠져 소주 4-5병을 비우면 언간이 기분이 좋아지고 시간도 흐른다. 조금 취해서 골목길을 들어서는데 헌병이 보이는 게 아닌가. 아이고야! 그때부터 나는 뛰기 시작했다. 그러다 발을 헛디디어 오물투성이 도랑에 빠져버렸다. 턱에서 피가 나는 게 아닌가! 넘어지면서 시멘트 모서리에 부딪혔던 것이다. 그래도 얼른 정신 차리고 올라와서 겨우 개구멍으로 다시 와서는 의무대에 가서 넘어졌다고 거짓으로 보고하고는 바늘 실로 10발 정도 꿰맸는데 그 흔적이 40년이 지난 지금도 턱 아래 한자리를 차지하고 있다.

몰래 먹는 술맛이 왜 그리 좋았는지 아님 영웅심에 잘난체하려고 그랬는지 나는 이때까지도 올바른 정신이 아니었음을 자평해 본다. 공부만 하는 천막 군대 생활에는 결과를 보여야 하는 압박이 분명 내가 군 입대 전의 공부와는 달랐다. 결과가 없는 노력과 시간은 분명 자기 탓이다. 맞아야 정신 차리는 나를, 나도 모른 채 그렇게 1차 시험을 합격하고 한 달 반 후, 2차 실기시험을 치르고 결과는 모른 채 전역을 해서 지내고 있었는데 사단에서 연락이 왔고 한국산업인력공단에서 최종 합격증을 보내줘서 받았다.

믿기지는 않지만 이 자격증과 관련된 회사에 우연히 근무하게 되었고, 10년 후 퇴사하여 에너지 관련 회사를 창립하여 사업을 27년째하고 있으니 아이러니한 건지 운명인 건지, 세상일은 알다가도 모르고 모르면서도 안다는 옛 어른들의 말이 맞는 것 같다. 전역할 때 강원도 화천 쪽을 보고는 오줌도 안 눈다고 했는데, 10년이 지난 즈음 그리워서 화천 화학산 계곡을 J와 함께 갔을 때는 감회가 새로웠으며 거울 같은 시냇물은 예나 지금이나 깨끗했고, 그때는 어쩔 수 없는 만남이었다면 지금은 자발적인 감성을 가진 채 만남이었기에 우리를 힘껏 끌어당겼던 애증의 만남이었다.

자격증에서 보듯이 강압적으로 해야 하는 것이 무조건 나쁜 것만도 아닌 것 같다 결과를 보면 일부분 수긍이 가는 면도 있다. 올림픽 금메달을 보더라도 스파르타식의 강제성이 가미된 훈련 속에 더 많이 나왔고 세계를 주름잡는 사람들 중에도 많지 않은가. 손흥민 선수가 그 예일 것이다. 과학적이면서 체계화된 이론과 실습으로 바뀌어 가고 있지만 그렇지 못한 환경에서는 다른 방법도 있다고 본다. 인간의 본능, 막다른 골목에서의 힘을 우리 세대는 많이 보고 겪었다.

하면 안 되는 것이 없다는 걸 가르쳐 준 군 복무가 그렇다. 죽고 싶을 정도로 힘들고 인내가 한계에 다다름을 지나면 숙련과 성숙이 따라와 줬으니 군 복무는 나라를 위한 사나이의 의무이지만, 새 희망을 갖게 하는 밑거름 역할도 한다. 군대가 군대다워질 때 적들을 물리치는 데 일당백이 되지 않을까 싶다. 전 직장에 근무할 때 사장님이 주간 회의 때마다 하는 말 "인간으로서 하지 못할 인간의 문제는 없다." 전적으로 공감하며 살고 있다.

영국의 윔블던 테니스장은 1년에 단 2주를 사용한다고 한다. 2주를 제외한 나머지 기간은 모두 대회를 준비하기 위한 기간인데 그런 준비가 성공적인 대회로 만든다는 것처럼 자격증 하나 때문에 3년을 힘들게 보냈다고 생각지 않고 하나씩 준비하는 시간을 갖게 하였고, 앞으로 펼쳐질 인생에 있어 준비를 위한 소중한 시간을 얻었다고 생각한다. 군 생활 3년이 치열한 삶의 현장에 앞서 자기를 준비시키고 단련해서 성공으로 가는 기초였음을 감사하게 여긴다.

4부

아름다운 인연

자식과 손주의 차이

　내 자식 키울 때보다 손주가 크는 걸 보면 더 기쁨이 크다고 한다. 맞는 말인 것 같다. 크고 작은 회사의 대표이사나 임원들 방에 가면 테이블 유리나 액자에 아기자기한 아이들의 사진을 흔히 볼 수 있다. 자연스럽게 그쪽으로 시선이 감과 함께 대화를 하게 된다. 평소 별로 웃지도 않는 분이 손주를 가리키고 말을 하면 금세 얼굴에 미소가 가득하다. 말을 꺼내기도 전에 요놈은 친손자이고 저 이쁜이는 외손주이며 몇 살이고 할아버지 수염도 뽑는다고 하고 코 옆에 눈 주위에 자국이 있어도 그냥 좋은 것 같다.
　한번은 모 판지 회사 기관장이 눈이 부어서 안대를 하고 있었는데 손주의 장난감에 얻어맞아서 멍이 들었다고 하면서도 기쁘다고 한다. 내게도 6살 큰애의 공주가 있다. 이름은 서율이고 정말 이쁘고 깜찍하다. 할아버지를 "삐삐."라고 하고 할머니를 "미미."라고 하는데 처음 말을 배울 때 나온 것이 그렇게 굳어졌는데 딱히 고쳐서 가르칠 의향도 없다. 이쁜 말 곱게 발음하다 보면 조만간 스스로 터득할 거라고 본다. 유치원 다니면서 볼 기회가 줄었지만 깜찍하고 춤추며 노래하고 놀자고 떼를 쓰기도 하고 늘 손잡고 바다에 가서 물놀이도 하고, 모래 놀이도 하며 맑고 밝은 성격인데, 나는 아이랑 놀면 진짜 동심으로 가서 눈높이에서 같이 놀아주기 때문에 나를 무척 따른다. 헤어지기 싫어서 울며 갈 때도 많다. 흠이라면 음식을 가려 다소 체격이 작지만 곧 평균 이상으로 자랄 것이다.

안타깝게도 코로나 팬데믹 시대에 태어나서 어릴 때부터 마스크를 끼고 생활한 게 더 애처로웠지만 혼자라 최고의 사랑을 독차지한다. 올해 5월에 동생이 생겨서 뒷전으로 밀리고 있는 것 같아 자기 엄마가 신경을 더 많이 쓰는 것 같다. 서율이는 아직도 2살 때 처음 맞이한 곰인형을 끼고 산다. 곰율이가 안정을 시키는지 유치원 갈 때도 놀이 갈 때도 잘 때도 한 손에 꼭 쥐고 놓질 않는다. 이쁘고 좋은 걸로 바꿔줘도 그것만 고집하는데 아이의 첫 친구이자 정이 묻고 그 냄새가 끌게 하는 것인지 아동학을 연구해야만 알 수 있을지 궁금하다.

11개월 된 둘째 아이의 큰아들 꿈동이는 내게 처음으로 고추를 달고 나온 손주라서이기도 하지만 남다른 나의 애틋한 정을 더 주게끔 한다. 어느 자식이든 다 사랑스럽고 귀엽지 않겠나. 옛 어른들께서 열 손가락 다 깨물면 아프다고 했듯이 나에겐 막내가 아픈 과거가 있었기에 안쓰러움이랄까 오지랖이랄까 정이 더 간다. 내가 딸 둘의 애비라서 그런 건지 아들을 낳아 안겨주니 더 듬직스럽게 보인다. 스마일맨 손주 이름은 재욱이라고 한다. 태어나서 11개월이 될 때까지 늘 웃음만 주는 아가로 신통방통하게도 미소만 짓고 우리가 좋다고 하면 더 신이 나서 두 눈이 감기도록 웃고 웃긴다.

꿈동이 11개월 재욱, 깜찍 발랄 첫째 6살 서율,
눈이 큰 아가 100일 차 채이

지난달에 4일간 우리 부부에게 맡기고 여행을 잠깐 간 적이 있는데 정해진 시간에 맞춰 끼니를 주면 얼마나 잘 웃고 노는지, 두 다리에 힘을 줘서 온종일 뛰고 뒹굴고 전혀 엄마 아빠 없이도 잘 놀아줘서 좋은 추억거리를 간직하게 되었다. 그런 아가가 1개월이 지나면서 낯을 가리기 시작하며 자기 뜻대로 안 되면 떼를 쓰기도 하는 것 보니 훌쩍 큰 것 같기도 해서 한편으로는 서운하기도 하다. 손주는 왜 더 이쁠까 생각건대 손주에게는 사랑이 우선이고 책임감이 적다고 본다. 내 자식은 책임이 앞서서 사랑보다도 교육 관점에서 대하다 보니 웃음이 적었다고 생각이 든다. 그러다 보니 일이 우선이고 자연적으로 시간도 없고 바라는 게 많다 보니 미소가 적어진 게 아닐까 나름 이유를 내려본다.

얼마 전 대구의 중견기업 회장님과 오랜만에 만나서 사무실에서 커피를 기다리다 탁자 위에 놓인 손주들 사진을 가리키며 즐거워하는 걸 보면서 평소 웃음이 없으신 분이 저리도 좋을까 싶어 대화 중에 "친손주와 외손주의 사랑 차이가 없죠?"라고 했더니 "어이구, 택도 없는 소리. 친손주가 당연 우선이고 외손주는 성이 다른데 아니지."라고 하는 게 아닌가. 웃으면서도 경상도는 남아선호사상이 깊다고 느껴져서 딸 둘의 애비는 씁쓸하지 않았다고는 하지 않겠다.

5월 초 큰아이의 둘째 채이가 탄생하여 복 받은 생활이 우리 부부에게 이어져서 즐거움이 더해간다. 100일 잔치를 하는 날 까만 눈동자로 나를 따라가면서 맞추느라 혼을 모으는 복덩이 우리 채이가 그저 귀엽고 이쁘기만 하다. 자기 엄마를 닮았는지 눈도 크고 점잖아 보이는 게 꽉 다문 입과 도톰한 입술까지 아가들은 신이 주신 최고의 선물임에 틀림없다.

나이가 들며 손주들의 재롱과 커감에 시간을 뺏기지만 이것만큼 행복한 것도 없다. 어떻게 하면 더 줄까, 생각에 호주머니 사정은 줄고 현실을 받아들여야지 하면서도 한편으로는 딸들 모르게 사위들에게 남자들만 아는 걸로 하고 통장을 만들어 달라 해서 나 혼자 서율이랑 재욱이 이름으로 6개월 전부터 적금을 들었는데 우리 채이가 태어남에 자금 사정도 그렇고 셋 다 해야 되나 고민거리가 생겼다.

전원주택 짓느라 진 빚이 상당해서 10년간만 더 허리를 졸라매자고 아내에게는 아끼는 척하면서 딴짓을 저질러서 미안하기도 하다. 혹자는 딸 아들 구분 없다, 사위도 자식과 똑같고 며느리도 딸과 같다고 하지만 또 다른 혹자는 엄연히 다르다고 한다. 글쎄 코에 걸면 코걸이 귀에 걸면 귀걸이라고 하는 게 사람마다 조건과 환경이 다르기 때문에 답은 없다고 본다. 나의 경우는 딸아이만 둘이라 사위를 아들이라 생각하고 살아야지 마음을 먹고 큰사위에게 아버지처럼 친구처럼 대하려고 다짐을 했다.

특히 큰사위는 아빠를 일찍 여의어서 얼마나 힘들고 그리웠겠나 싶기도 해서 더욱더 그랬다. 하지만 집을 지으면서 갈등과 나의 욕구에 본인의 생각과 행동을 보면서 이 생각이 나의 욕심이었구나, 틀렸음을 깨닫고 내가 접는 것이 옳다고 봤다. 사업을 하는 입장에서 굳어진 행동이 사위에게는 억압이나 고통이 될 수도 있고 불만이 있는데도 말도 못 하고 참아야 하는 것이 많을 수도 있겠다 싶어 미안하기도 하다. 예의 바르고 열정적으로 일하고 처자식 잘 보살피면 최고인데 아들 노릇까지는 내 욕심이라는 것이다. 같이 사는 부부도 마음 안 맞아 언쟁도 불화도 있는데 하물며 사위와 며느리는 더하지 않을까 싶다. 사랑스럽고 듬직한 사위로 예쁘고 예의 바른 며느리면 더 바랄 게 없지 않을까. 막내 사위는 또 다른 기쁨을 준다. 붙임성도 좋고 센스가 있다. "잘 살고 못 사는 건 팔자." 라는 유행가 가사도 있듯이 행복을 만들어 가는 것도 그대들의 몫이다.

한여름 밤의 사랑

평야처럼 펼쳐진 적막한 밤바다를 보며

두 어깨 나란히 등을 맞댄다

하늘 구름 속에 실옷을 입은 초생달이

빼꼼하더니 먹구름이 가리고

또다시 윙크를 하며 둘의 속삭임을 멈추고

자기랑 놀자고 한다

고개를 들면 저 멀리 불빛이 깜박깜박

어부들이 고기랑 게임에 빠졌나 보다

얼마 만인가

불빛마저 안개에 가려져 살포시 잡아본

손길에 마음을 포개보는 것이

얼마 만인가

달빛 속에서 속삭임의 입맞춤할 수 있다는 것이

네 숨결에 향기를 느끼게 됨이 얼마나 기쁜지

얼마 만인가

은하수와 북두칠성을 머리에 얹고

마주 보는 두 눈동자가 하나가 됨이 이렇게 달콤한지

이토록 아름다운 여름밤

사랑하기 좋은 여름 밤바다에

몸을 맡기며 꺼질 줄 모르는 촛불처럼

타오르는 것이 사랑이라고

고요하고 적막한 이 밤에

네온사인 등 잔디밭에

떨어지는 별을 모으고

달빛을 담아

너와 나의 가슴에 심어본다

다혈질과 로또

어느 모임에서 L이라는 분이 자기 아내에 대해 칭찬과 고마움을 말하는데 대부분 아내 덕이라든지 아내가 자기 때문에 고생을 했다며 눈시울을 붉히는 분이 많다. 그런데 남자분들끼리나 소규모 부분적인 모임에서는 얘기는 달라진다. 분위기에 따라 내용이 다를 수 있지만 보통은 남편을 흉보거나 부인과의 생활이 원만하지 않다고, 참고 사는 거지, 정 때문에, 자식 때문에, 분위기 맞춰 하는 말인데 며칠 전 어떤 모임에서 자기는 "로또를 맞아 살고 있다."고 다들 "우와, 이 나이에 그렇게 좋을 수도 있구나." 하고 부러워하는데 "아니, 안 맞아도 그렇게 안 맞는지 그래서 로또."라고 하는 것이어서 모두 뻥 터졌다.

나는 성격이 급하고 다혈질적인 성격인데 B형 남자라서 그렇다고 말을 듣는다. 이것도 틀리다고 본다. 당장 눈앞에 펼쳐지는 형상들이 빨리 와닿으면서 순간순간 판단력이 앞서는 것이고 원인과 분석이 한

꺼번에 떠올라서 전달이 이르고 결과를 보고 행동이 빠른 걸 그로 인해 실수도 많은 것이지 B형 혈액형이라서 그런 것은 아니지 않나 싶다. 불같은 성격이 나쁘다는 것도 같은 맥락이지만 업무상으로는 빠름이 느림보다는 낫지 않나 싶다.

  건강상으로는 본인과 상대방에게도 좋지 않은 것이 맞는 말이다. 모임에서 서둘러 계산하는 것도, 당연하다고 받아들이는 사람이 잘못이지 않나, 대부분 건강이 안 좋으면 자기도 모르게 화를 쉽게 내는 것도 보는데 이해가 되면서 나는 내가 건강상으로 문제 있다고 여길 때가 있다. 신체적으나 정신적으로 문제가 없으면 평온이 유지되는 건 맞다고 본다. 그런데 생활하면서 따라오는 것과 건강상 것과 차이가 있지 않나? 회사에서 제품에 클레임이 걸렸는데도 같은 실수를 반복하는데도 참고 덮어야 하는 걸까? 결제 대금을 이중으로 지불했는데도 차분히 "그럴 수 있지." 하고 넘어가야 하는지? 업무 지시 불이행을 반복적으로 해도 참아야 하는지 무단 결근을 반복해도 그럴 수 있지 넘어가면 좋을까, 묻고 싶다. 이런 것이 누적되어 화를 내는 것도 다혈질적인 사람일까? 폭언이라고 하겠지!

  10년 전과 20년 전의 일을 같은 방법으로 지금도 그대로 하는 사람이 월급을 더 받아야 하는 걸까. 나이가 60이면서 MZ 세대처럼 행동해야만 꼰대가 아닐까! 상황과 현실에 맞춰 사는 지혜로운 사람이 다혈질적인 사람이라고 한다면 다혈질이 좋기만 하다. 인터넷으로 읽는 독서가 기존 북 독서랑 똑같다고 하는 사람, 인터넷 신문을 보면 되지 종이 신문을 보면 꼰대라고 하는 사람이 안 맞는 로또이고 꼰대이다.

나는 집사람과 자주 다툰다. 늘 반복적으로 과거에 매여 있고 현실을 즐길 줄 모르고 있는 게 안타까워서이기도 하다. 재미나게 살 구상을 하고 나를 설득해 연극도 보고, 영화도 보고, 음악 콘서트 등으로 가기를 바란다. 아울러 봉사활동도 하면 좋겠는데 집에 있기를 좋아하니 불만이 쌓인다. 취미 생활도 찾고 여행계획도 잡고 국내 맛집 여행도 가고 같이 교회도 가기를 바란다. 사람들과 어울리기를 좋아하는 내가 해안가에서 보내는 방법이 있듯이 아내도 자기만의 방법이 있겠지만 눈에 보이지 않고 모르니까 해줬으면 하는 게 내 욕심인지 모르겠다. 젊어서는 몰랐지만 60이 넘어서는 부부가 취미와 행동을 서로 같이하는 게 얼마나 큰 행복인지 깨닫는다.

　사랑이 깊을수록 있는 그대로 봐야 하고 그것을 존중해 줘야 한다고 아내는 말하고 나는 뭔가를 자꾸 같이 하기를 바라는 게 우리 부부의 충돌사항이다. 내 욕심을 내려놓지 못하는 것이 병이라 치료부터 하는 게 순서일까? 그래서 난생처음 내 스스로 어촌의 조그마한 교회로 치료차 소풍을 다니기 시작했다. 10주 차까지 다녔고 계속 이어질 것이다. 안 맞는 로또가 계속이지만 잘 맞는 로또가 되리라 믿으며 내가 하나님의 편에서 그 답을 얻어낼 것이다.

아닌 밤중에 홍두깨

　4남매 중 셋째인 나, 밑으로 9살 터울의 여동생이 있다. 2명이 더 있었지만 그 당시의 환경에 적응하지 못하고 하늘나라로 갔다고 한다. 둘째 형은 3살 위지만 키가 보통이고 어렸을 때 어머니가 불같은 성격이고 까칠하다고 평을 할 정도지만 온순하고 잘 웃는 스타일이다. 식사 도중에 쌀밥에서 돌을 잘 발견하고 식구들 눈에는 잘 보이지 않는 머리카락도 귀신같이 발견하는가 하면 그것을 보라고 일부러 숟가락을 탁탁 치고 아버지가 눈을 흘기면, 던지고 나가버려서, 버르장머리 없다고 혼도 많이 받는 것을 종종 봤다. 초등학교 때 나를 괴롭힌 상급생을 제압해 주는가 하면 싸움도 잘해서 동네에서 누구도 함부로 건드리지 못했다. 일찍이 철도공무원이 되어 부산으로 발령받아 와서 나와 같이 자취도 했는데 부지런하고 여자처럼 집안일도 잘하며 아버지가 정해주신 분을 아내로 맞아 열정적으로 살고 있다.

큰형님은 5살 터울인데 시골 초등학교를 겨우 졸업하고 아버지를 돕느라 공부도 못 하고 노동으로 집안을 일으키는 데 일등공신이었다. 나무 땔감 팔기, 곡식 다량 생산, 소 키우기, 누에 기르기, 담배 생산 등 돈이 모이면 땅을 사고 그야말로 눈 뜨면 논밭으로 산으로 집에서도 뽕나무잎, 소죽 끓이기, 가축 기르기를 쉴 새 없이 부모님과 함께 일한 덕분에 동네 일등 부자가 되었고 동생인 나는 도시 유학까지 가게 되었다. 20살에 아버지가 점찍은 같은 면에 사는 맏며느릿감의 키 크고 체격이 좋은 처녀와 결혼하고 4남매를 낳아서 부모님이 그랬듯이 고향을 지키며 농사를 업으로 살고 있다.

　큰형수가 시집올 때 꼬까신이 작아서 꾸겨 신고 온 것은 아직도 기억된다. 동네잔치가 벌어지고 시끌 복잡한 가운데 점심나절쯤 되면 친정아버지와 함께 대문을 들어오면서 신부는 반듯이 짚단에 불을 지피면 그것을 밟고 들어와야 하는 풍습에 의거하여, 아마 나쁜 것을 버리고 좋은 것만 생기길 바라는 전통 혼례의 메뉴 같은 것이 아닐까 생각한다. 키도 크고 이쁜 색시가 신발이 안 맞아서 사뿐히 걷는 것도 힘들어 보이고 이쁜 색깔의 고무신에 발이 접히어 끌고 오니 단연 눈에 띄었는데 모두들 웃음바다가 되었다. 왜 맏며느릿감이라 하는가. 아마도 맏형이 부모 아래 서열 1위라서 아래 동생들과 여러 친인척에게 부모처럼 넓은 마음으로 많이 베풀고 사랑을 많이 주고 희생을 더 많이 하는 것이라 생각한다.

　형수는 인상도 좋고 정말 누가 봐도 맏며느릿감으로 보여진다. 친구의 누나이기도 하다. 살림살이가 조금 뒤처지지만 7남매의 둘째라 가족애도 남다르게 보였다. 부잣집에 시집와서 형님과 일을 억척으로 잘한다는 소리를 듣는다. 그런데 보기와는 다르게 잘 울고 소심했고 조카들이 4명이고 힘들다 보니 목소리도 커지고 부모님과도 불화가 잦아지고 중간에 있는 형은 곤란할 때가 많아지면서 결국엔 서로가 상처받을 만큼 골이 깊어지는 것 같았다. 시어머니가 일찍 별세하니까 우리에겐 엄마 같은 존재였다. 우리 형제는 각자 열심히 잘 살고 있는데 문제는 아버지였다. 54에 혼자 되시고 평생 일만 소처럼 하시더니 살만하니까 혼자가 되어 며느리와의 불편함이 여간 아님을 안다.

가끔 들르는 고향이지만 이웃과 형제들에게 듣는다. 시동생들이 더 잘해야 아버지께도 도움이 된다고 생각하여 나름 최선을 다하는데도 가까이서 직접 모시지 않으면 말하지 말라는 형수의 말은 서운하기보다 아버지가 불쌍해 보였다. 한번은 밤 1시가 넘었는데 전화가 와서 받았는데 "네 엄마가 와서 네 아버지를 네가 모시고 가야 한다고 하면서 내가 삼신할머니다."라고 형수가 삼신할머니라고 대를 흔드는 굿을 벌이고 있었다. 아닌 밤중에 홍두깨 내밀듯 한다고 이게 뭔가 어리둥절했다. 첫째 아이도 일어나 울고 아내도 반색이 되고 "차분히 전화하세요. 내일 전화하시지요." 하고는 뜬 밤을 새우고 회사에 출근하고 아내는 자기가 모시라면 모시겠다고 진정을 시켜줬다.

내가 어릴 때 동생들이 아파서 하늘로 가기 전, 혹은 가족 중에 심하게 아프면 마당에 멍석 깔고 알록달록 무늬 옷을 입은 점쟁이가 와서 장작불을 지피고 밤새도록 꽹과리를 치고 마당을 돌면서 부엌칼과 바가지랑 들고 별난 쇼를 했다. '그 당시로서는 의술보다는 굿이 최고의 방법이고 최후의 기도랄까 그랬다.'라고 생각이 들지만 정말 싫었다. 그 후 나는 미신을 아주 원시적인 수단의 악마들의 잔치로 치부해 버린다. 그것을 해서 내 동생도 아픔도 나아진 건 없었기 때문이기도 하다. 평소에 부모님이 셋째 아들에게 각별해서 은근히 기대를 한 것은 짐작하고 있었다. 한참 마을의 땅을 사 모을 때 작지만 내 이름으로 내 몫이라고 초등학교 3학년쯤에 등기이전 상속한 것도 어머니에게 들은 적이 있다.

 굿 사건 이후 아내가 직접 내려가서 형님네의 뜻이 그렇다면 우리가 모시겠다고 하고 올라왔는데 아버지는 우리가 안 모신다고 했다고 들어서 한편으로는 서운했는데 아내가 가서 그 오해를 풀었다고 했다. 결혼 후 백수로 있다가 겨우 취직해서 대출 반의 한 동으로 지어진 빌라 같은 24평 인천 아파트에 살고 있으며 사건 전에 다니던 회사에서 홀부모들에게 중국 여행을 시켜줘서 며칠 계신 적이 있었는데, 답답하고 갇혀 있는 게 불편하다고 서둘러 가신 적이 있다.

 추석, 설 명절, 어머니 기제사, 아버지 생신 때는 빠짐없이 찾아뵙지만 그때마다 갔다가 오면 화가 나서 설치니까 아내는 가지 말라고 한다. 시동생들이 오면 잠자리라도 좀 챙겨주면 좋은데 그것도 아니고, 아버지랑 같이 자는데 이불에 곰팡이 냄새가 나고 먼지투성이로 된 오래된 솜이불을 덮고 자는 모습이 나도 아버지도 한심하기 짝이 없다. 내 결혼할 때 장모가 손수 해준 이불도 있는데 왜 이럴까 하다가도 또 올라오면 잊고 산다. 관여할 수도 없었다.

부산 형님이 올 때마다 아버지, 형님이 잘 드신다고 싱싱한 횟거리를 꽤 많이 들고 오는데 한 접시 내고는 늦게 오는 조카들 줘야 된다고 부엌으로 남긴다. 이웃 친척이 오면 나눠 먹고 형제들이 더 많이 즐겁게 드시게 하면 우리가 조카들 것도 좀 남기라고 할 텐데 음식으로 마음 상할 때가 한두 번이 아니다. 아버지 별세 후에는 더 심하게 하셔서 우리도 두 번 갈 것을 한 번만 가게 되었다. 부산 형님은 이런 것에 예민해서 나에게 부럭부럭 마음을 노출한다.

농산물도 조금씩 주면 고마워서 그것보다 더 많이 보답하는데도 유독 사사한 것에 욕심이 많다. 명절 때 친정 손님이 오면 달라지는 걸 보면서 '아, 그런 점이 있겠구나.' 하면서도 이해가 가지 않는다. 뭐든 돈이 되는 것은 아껴서 현금화하는 습성이 형제간의 우애보다도 더 우선이다 보니 어쩔 수 없지만 시동생들에 대한 예의는 없었다. 어느 집이든 시집온 사람들 때문에 형제간에 우애를 금 가게 하는 것을 많이 본다. 우리 집도 예외가 아니다. 나의 아내도 부산 형수도 큰 차이는 없으리라 생각도 든다. '직접 모시는 것이 그만큼 힘이 들기 때문이겠지.' 하고 속으로 삭인다. 그래도 나는 성격이 붙임성이 있어 종종 얻어오는데 부산 형님은 그렇지 않았다. 세상에 공짜는 없다는 것처럼 나는 살면서 뭐든 먼저 주고 또 준다. 그것이 부메랑 되어 돌아오니까, 어머니가 하는 것을 많이 본 게 영향을 준 게 아닐까 생각한다.

문득 몇 년 전 모임에서 들은 이야기가 생각났다. 지인의 여동생이 시집을 가게 되었는데 아버지가 자기에게 매제 될 사람의 고향에 가서 그 집안에 대해서 마을의 소문과 내용을 듣고 오라 해서 갔다 왔다는 이야기를 들었던 적이 있다. 옛날 어르신의 지혜가 얼마나 현명한가. 우리 조상들의 조언이 소중함을 나만 느끼는 것일까? 현재는 연애결혼이라 별 필요성을 못 느끼지만 그 사람을 평가하는 데 가족과 부모, 그 가정의 과거를 보는 것이 꼭 필요함을 살면서 지인이나 아내를 보면서도, 또 나도 한 번쯤 되새기며 살아야 된다. 부모는 자식의 거울이기도 하다.

그 자리에 앉으면

그 자리에 오늘도 앉았다

눈앞에 펼쳐진 바다는 간조이거나 만조 그리고 펄일 뿐

매미는 풀숲과 감나무, 소나무 심지어 그네 기둥에도 앉아서

자기의 존재를 알리고 짝을 찾기 위해 발악을 한다

정자 아래 키 큰 해바라기는 태양의 작열함까지 좋아하는 척하지만

지쳐 보이고 힘들어 보인다

사랑했기에 아기 새끼들이 불어나서 힘에 지친 것이다

어미를 살려야 하기에 아기에게 정말 미안하다며

어쩔 수 없이 가위로 분리 작업을 한다

어제보다 바람이 더 불어줘서 이 자리가 좋아지는 이유다

블루투스에 "그대 사랑 가을사랑 그대 목소리 그리움이 잠긴다 가지 마라 가지 마라" 가을이 오려는가 보다

어릴 적 엄마 곁에서 마냥 있을 줄 알았던 그 자리

학창 시절 철없이 놀던 때의 그 자리

사회인으로 힘들게 뛰어다니던 그 자리

사랑하고 헤어짐에 그리움이 묻힌 그 자리

부모가 되어 아이들과 놀며 사랑하던 그 자리

열정적으로 잘 버티고 있는 C.E.O.의 그 자리

아이들도 떠나고 나이 듦의 중년에 서 있는 그 자리, 모두가 아름다워라

물이 말없이 흐르듯 시간이 흘러

언젠가 누군가에게 물려줄 그 자리이지만

지금은 너무나 소중하고 고마운

그 자리에 앉아

혼자 냉커피 한 잔을 들고

잠자리와 나비, 다갈색의 새 한 마리가 나와 놀자고 주위를 맴돈다

그리워 다시 찾을 때까지 이 자리를 사랑하리라

이 여름도 다가올 가을도 나는 이 자리에서 함께하리라

언젠가 그 자리가 되겠지만 사랑하리라

맏형의 자리

사실 큰형님은 마음이 굉장히 순수하고 베풀 줄도 알고 예의도 바른 분인데 살면서 이웃 간에 부딪히다 보니 화를 내는 일이 많아진 것 같다. 자기가 못 배운 것 때문에 항상 불편한데 배운 사람들이 자기를 배신하거나 업신여기는 것을 참지 못하고 단절해 버리는 것이 쌓이는 것 같다. 많이 나누고 힘쓰는 일도 도맡아 해주는데 상대가 몰라주니까 성격이 한쪽으로 쏠리는 것 같았다. 형제들도 필요 없다는 식의 태도가 나오는 것을 보면 자기 뜻대로 안 되면 모든 것이 싫어진다고 봐야 한다. 밥(돈)벌이도 자신 있고 모든 것이 자기 뜻대로 되는데, 생각대로 해주면 좋겠는데 안 해주니까 차분히 설명은 못하고 자기 판단만 해버리니까 동생들의 말을 들어주고 설득하면 될 텐데 그걸 잘 못하는 것 같다. 동생들은 형님이지 자기 자식이 아닌데 왜 저렇게 일방적으로 할까, 생각하니 서로가 멀어진다는 것이다.

아버지께서 돌아가신 뒤로 형님이 아버지 몫의 재산과 보관 내용을 알려주지도 않고 자기 명의로 이전하는 데 동생들의 동의가 필요해졌다. 등본과 도장을 요구해서 나와 여동생은 이유도 안 물어보고 찍어 줬지만 부산 형님은 동의할 수 없고 도장을 못 주겠다고 했다. 전에 재산 상속 때도 불만이 쌓이고 아버지한테 하는 걸 근처에서 자주 보았기 때문에 더욱더 완강했다. 장남으로서 역할을 못 하면서 권리만을 찾는다는 것이다.

어느 날 형수가 전화가 와서 울고 하소연하고, 형님도 전화 와서 어쩔 수 없이 내가 부산 형님께 동네 창피스럽게 하지 말고 찍어주라고 설명과 설득을 했다. 이미 매매를 했고 잔금 치르려고 하는데 등기이전에 막혔던 것이다. 아버지 때문에 어쩔 수 없이 왕래도 하지만 그동안에 쌓인 불만이 터진 것이다. 중간에서 내가 나설 수밖에 없는데, 거리는 멀고 부산 형은 완강하고 시골 형님네는 계약을 해버려서 위약금을 물어야 하고 날짜는 다가오니 나한테 하소연할 수밖에 없었다. 부산 형님을 설득하면서 요구조건을 들어줄 테니 말해보라, 부산 형은 ○○○○만 원만 주면 해주겠다고 해서 큰형님도 꼭 준다고 했고 나는 만약 안 주면 내 돈이라도 주겠다고 하고는 해결을 했다.

그런데 등기이전과 매매 등이 끝나고 큰형이 ○○○○만 원만 주고 ○○○만 원을 빼고 부쳤다고, 나와 시골 형님이 한통속이라며 화를 내드니 전화도 안 받아버린다. 큰형님은 예전에 빌려 간 돈이 있었는데 그것을 제외하고 줬다고 하면서 팽팽히 맞서고 있으니, 중간에 있는 나는 둘 다 똑같다고 생각이 들었다. 어쩌랴. 중간에서 나는 왜 이런 취급을 받아야 하나, 내가 무슨 이득이 있나 별생각 다 들지만 좀 더 배웠고 사업까지 하는 사람이 내 형제 문제 하나 못 풀어서 되겠나 싶었고 하늘에서 부모님이 보고 있다고 새기며 계속 형제들에게 선물을 보내고 전화, 문자 보내며 해결을 찾고 있다. 그 후 급하다 해서 ○○○만 원을 송금했고 지난달 나머지를 기분 나쁘지 않게 송금을 시켰다. 내가 한 약속이었기에 당연하며 기분도 깔끔해졌다. 그 후 형수께서 2014년 가을 감을 수확하러 가던 길에 노인용 트랙터를 타고 가다가 냇가로 추락해서 발견이 늦어지는 바람에 하늘나라에 갔다.

그 이후론 형님들의 간극이 더 심해진 것 같다. 명절 끝나고 얼마 되지 않아서 더더욱 믿기지가 않았다. 불과 며칠 전에 같이 있었는데, 마른하늘에 천둥이 치듯이 뜻밖의 사고로 소천했는데 동생들도 정말 많이 슬펐고 아픈데 본인이야 얼마나 더했을까. 장례식장에서 서로 슬픔에 젖어 조문객들이 빠져나가고 해서 새벽 1시쯤 애들도 있고 피곤도 하고(병 치료 중임) 근처 여관에서 부산 형네 와 잠시 눈을 붙이고, 아침 5시에 다시 갔는데 큰형이 꽤 많이 화가 나 있었다. 이유는 같이 밤을 보내야지 왜 너희들끼리 갔느냐인 것 같았다. 조카들도 모두 결혼하여 손주들도 많은데 굳이 동생들도 같이 있어야 하는 건지, 서울서 오고 부산서 왔는데 어디 가서 잠깐 눈 붙이고 오라고 하는 게 맏형의 마음이지 않을까. 지금도 이해가 가지 않는다. 물론 동생이 병환을 겪고 있다고 모르니 그럴 수도 있겠다고 이해하면서도 서로 자기만 생각하는 건 그동안 왕래와 소통이 없어서 더 그런 것 같다. 그런데 사실 내가 말하고 싶은 건 큰형님이 정말 대단한 사람, 보통 사람은 아니라는 것을 말해보고 싶다. 내 부모님의 DNA가 틀림없다. 비록 성격은 욱하고 자기 뜻에 따라야 직성이 풀리지만 성실과 노력으로 재산을 모으는 데는 남다른 비결이 있다.

첫째, 시골에서 가을걷이를 하고 나면 겨울부터 봄까지(11-2월) 거의 휴경지로 쉬는 날이 많은데 우리 형님은 겨울이면 현대자동차 탁송을 한다. 울산공장에서 대구 근처까지 주로 하는데 영어를 모르니 차량을 찾기가 어렵다고 한다. 수많은 출고 대기 차량 중에 자기가 찾을 차량을 찾으려면 구역은 찾고 차량의 이름과 모델이 다른데 자기만의 표시를 해서 메모장을 들고 찾는다고 한다.

둘째, 농번기를 제외한 일거리로 가스 유통업을 차려서 배달 사업을 하면서 이중으로 움직이니까 재정적으로는 축적이 **빠**를 수밖에 없다.

셋째, 겨울이 끝날 무렵에 비닐하우스로 고추 모종이나 기타 농작물 씨를 뿌려서 적정한 온도와 습기를 조정하면서 모종을 만들어 봄에 하우스 통째로 유통업체로 매매하여 수입을 늘린다.

넷째, 모든 농기구를 최신식으로 구입하여(정부 지원이 많다) 소농으로 기계가 없거나 일을 할 수 없는 분들께 대리 농사일로 수당을 챙기고 어려운 이웃 어르신들께는 무상으로 해주면 인사도 받고 딴 방법으로 도움을 받아 상부상조한다는 것이다.

다섯째, 논농사보다는 가급적 밭에다 과일 특산품 등을 남보다 먼저 시행해서 고수입을 창출한다.

여섯째, 염소나 한우, 닭 등을 빈터나 야생에 길러서 도·소매를 한다. 이렇게 눈썰미가 있고 기계 수리도 잘하고 뭐든 먼저하고 부지런하니까 부자 소리 들으며 산다. 돌아가신 형수도 마찬가지로 협력했다. 이렇게 모은 재산으로 자식들에게 도움도 주고 도시에 건물도 매입해서 노후 준비도 해놓았는데, 정작 혼자 되어버리니 얼마나 황당하겠나 싶다. 그런 형이 나는 존경스럽다. 형제애는 없지만, 활발하고, 지혜롭고, 부지런한 멋진 형님이다.

지금은 착하고 이쁜 새 형수를 만나서 조용히 다정하게 잘 지내고 있다. 시골에 가면 웬만한 도시 집보다 깨끗하고 잘 꾸며져 있어서 하룻밤을 자더라도 기분이 좋다. 얼마 전 아버지 기제사에 단둘이 있을 때 행복하냐, 까칠해서 힘들지 않냐고 물었더니 잘해줘서 행복하다고 했다. 거짓말은 아닌 듯 보였다. 돈도 잘 써야, 서로 행복도 같이 온다고, 너무 아끼는 것보다 사랑하는 사람에게 아낌없이 주라고 조언도 했다. 나는 형님의 자식이 아니라서 우리 형이 누구랑 있든 행복하기만을 바란다. 그것이 돌아가신 형수께 미안한 마음일지라도 지금 행복한 형님을 계속 보고 싶다. 아마도 맏형의 자리는 책임과 인내와 사랑이 더 절실한 자리였기에 더 많이 아팠을 형님에게 고맙고 미안하다.

고등학교 졸업식 때 – 여동생, 큰형님과 외사촌 동생, 친구, 나와 큰조카, 외삼촌

2024년 여름의 힘

　24회 하계올림픽이 파리에서 개최되어 12일 차로 접어들었다. 35도를 넘나들고 있는 괴물의 여름 날씨를 잠재우는 데 한몫을 하고 있다. 나는 육상 종목 중 계주경기를 좋아하는데 이 경기는 4명이 100m나 200m를 나눠 뛰는 경기이다. 그런데 나만 좋아하는 게 아니라 아예 이 경기에 빠져 헤어나지 않고 즐기는가 하면 뭇 나라에서 부러움을 차지하는 곳이 있다. 바로 신이 가져다준 사계절 행복의 땅 우리나라 아닌가. 이 경기는 혼자서는 할 수 없는 것으로 자연의 원리를 일깨워 주기도 한다.

　봄, 여름, 가을, 겨울 4명이 균형을 이루며 주거니 받거니 하는 게임이었는데 어느 때인지부터 서로 욕심을 부리며 즐거움보다는 인간에게 더 힘들게 하는 변칙 플레이를 하며 자기들의 규칙에 따르라고 한다. 봄이 씨앗을 움트는 시간 즉 꽃망울과 초록을 퍼뜨리는 1번 주자라면 태양을 주 무기로 삼는 여름은 2번 주자일 뿐인데 이놈은 파워가 너무 세서 인간들을 물로 산으로 몰아붙인다. 때론 조용히 자기만의 시간을 가지라고 갇힌 공간으로 내몰며 마치 인심을 쓴 듯 기세가 더 높다. 낮과 밤을 가리지 않고 온 세상이 자기 것인 양 인정사정없이 태양을 장렬하게 발사한다. 태양은 폭군처럼 보이지만 그것도 아니다. 온 만물들에게 친구가 되고 도움과 양식을 베풀어 같이 가는 동반자로서 의리도 있다.

어떤 때는 천둥 번개까지 동원해서 파티를 벌여 미치광이 파티로 보일 때도 있다. 이는 나약하고 게으른 자에게 그렇게 살지 말고 자기처럼 힘 있게 즐겁게, 남을 배려하는 삶을 살아야 한다고 경고하는 것이다. 임기가 3개월짜리인데 더욱더 센 무기를 등에 업고 집권의 재미를 늘리려고 한다. "나를 따르라." 식의 독재자처럼, 그렇게는 안 될 것이다.

이놈을 닮아가는지 나라가, 세계가, 끼리끼리 뭉치며 죄인도 죄를 모른 채 날뛰고 주인도 모르고 부모도 모른 채 자기들만의 세상처럼 해괴한 쇼를 벌이는 정치판과 똑같다. 힘센 나라가 평화로운 이웃 나라가 맘에 안 든다고 영토를 침범하고 영역을 넓히는가 하면 대통령이 되겠다고 돈과 힘으로 나를 따르면 편하게 될 거라고 남과 이웃을 괴롭히는 자를 추종하는 무리들이 과반이 되는 꼴이 2번 주자랑 닮았지 않은가. 하룻강아지 범 무서운 줄 모르는 너놈이 그래도 동반자 개념에서는 그놈들보다 신사답고 좋구나. 오늘도 너는 지금껏 보여주지 않았던 신무기인 작열한 태양 빛과 고온을 내뿜으면서 물 폭탄까지 섞어서 발악하지만 이제 서서히 3번 주자에게 바통을 넘겨야 한다. 그렇지 않으면 3번이 강제로 뺏으러 갈 것이다. 나는 너를 미워하지 않는다. 아니 너가 좋아서 너를 또 반겨부러리라.

폭염의 여름을 누군가는 사랑했을 것이고 누군가는 우러러봤을 것이다. 너로 인해 나만의 케렌시아를 가질 수 있는 것도 감사하구나. 나는 여름에 태어나서이기도 하지만 네가 참 좋다. 푸르고, 익으며, 작열하게, 뜨겁게, 때론 움츠리고, 또 전진하는 너는 미운 존재가 아닌 고마운 존재다. 너를 먹고 자란 빨간 복숭아 1개와 노란 참외 1개를 대충 지하수로 씻고 한 움큼 입으로 넣노라면 저렇게 울어대는 매미도 너도 내가 부러워서 돌아서서 손 흔들며 가겠지. 안녕이라구. 그런데 아직은 덥구나.

고사모

코흘리개 친구들이라면 초등학교 친구들이다. 그곳이 어디든 같은 시절 같은 시설에서 공부하며 함께 운동장에서 뛰놀고 뒷산에 토끼 잡으러 가고 솔방울과 땔감 나무도 줍고, 꽁보리밥을 난롯불에 얹어놓고 따뜻한 밥을 먹기 위해 쟁탈전도 벌인다. 곤충채집과 식물채집도 하고 왼쪽 가슴에 손수건을 달고 다니며 코도 닦고, 봄이면 냇가로 소풍도 가서 보물찾기도 한다.

가을이면 운동회가 열리고 청군 백군의 힘찬 소리가 울려 퍼지고 학교 앞 도로 옆으로는 코스모스꽃들이 학생들인 양 아웅다웅 하늘하늘 춤추며 노래를 한다. 그렇게 운동회는 인간과 자연의 합창 연주회가 되어 온 동네와 작은 면 단위의 사람들을 모아 신나는 지역 축제의 장이기도 하다. 같은 또래는 처음 이렇게 만나 서로 경쟁 관계와 공동의 관계로 각자 출발지에서 어디론가 헤어지기도 하고 멀리, 가까이 붙어 있기도 하지만 결국은 또 서로 찾고 만나는 공생의 관계인 것 같다.

이런 관계가 동창 관계인 것 같다. 예전에 여학생들은 학교를 졸업하면서 사회생활 도중에 짝을 찾는 게 대부분 2살에서 8살 정도 높은 상대가 많았는데 최근에는 그것도 바뀌고 있지만 우리 시절에는 그랬다. 그렇게 살다가 아이 낳고 키우며 애들이 혼사를 할 시기가 될 즈음이면 다시 어릴 적 만났던 것처럼 다시 모이는 것이 필연처럼 다가온다.

주말농장 하던 때 모임을 한 영흥도 국사봉에서 고사모 친구들

마치 어린아이가 어른이 되고 다시 노년이 되면서 자식들의 보살핌이 필요한 것처럼 친구들 관계도 만남과 헤어짐, 또다시 만남의 윤회가 지속된다. 특히 남학생과 여학생들은 돌고 돌아 긴 세월 동안 오랜만에 만나는 인연일 때도 있다. 때론 어릴 적 헤어진 후 한 번도 더 못 보고 사는 경우도 있다.

이런저런 이유로 시골 동창회는 있지만 모임에 빠지게 되고, 삶이 바쁘다는 이유와 거리가 멀다는 핑계로 당일 모임도 가기 힘들었다. 모처럼 갔는데, 서먹서먹하고 끼리끼리 모임이 형성되면서 세월은 가고 그리움은 더해간다. 특히 고향을 가까이 두고 있는 친구나 그곳에서 업을 하는 친구, 장남이라 부모님을 모시는 친구도 있지만, 태어나고 놀던 곳을 떠나서 영영 돌아오기가 멀어지는 친구들이(주로 차남들이 해당) 하나둘 모임을 만들자는 뜻을 모아 울산에서 8명이 주축이 되어 모인 것이 "고사모"이다.

울산의 윤재 가게에서 재억이, 서울의 나, 창원의 동수와 학우, 대구 경숙, 기옥이 포항 규해가 모여 고향을 사랑하는 친구들의 모임(고. 사. 모)을 만들고 전국에 흩어진 친구들을 찾아서 같이 하기로 했다. 윤재가 적극적으로 연락을 취하고 내가 전국의 친구를 틈틈이 찾아서 나서고 전화해서 순식간에 많이 모이는 친목회가 되었다. 이 모임은 무조건 1박 2일로 하고 지역을 돌면서 했고 그 지역에 있는 친구들이 자동적으로 한 번은 나와서 옛날 동심으로 가는 좋은 힐링의 모임으로 정착한다.

물론 조금의 여유나 자발적 찬조가 약간의 기름칠도 되었고 그 지역에 가면 모두가 찬조를 아끼지 않는 것은 촌놈들의 깊은 정이 담긴 것이다. 나와 윤재가 주로 나서고 동수와 규해가 총무 역할을 초기에 많이 했다. 모임이 연 2회로 활성화되면서 대구 친구들이 동창회는 안 오면서 도시 모임이 잘되니까 문제를 삼고 방해를 하고 나섰지만 그럼에도 고사모는 더 활성화되어 재미가 좋았다. 물론 자기 욕심으로 왔다가 나가는 친구도 있고 회비 때문에 들어오는 사람이 부담이 되기도 해서 지금은 거의 고정 멤버로 진행된다.

모임이 있는 날 직장 관계로 참여가 어려운 사람을 제외하고 낮에 만나 그곳의 관광과 둘레길 걷기와 특산물 맛보기 등으로 추억을 쌓고 저녁 모임이 시작되면 바리바리 준비하여 온 과일, 떡 우리 고향 특산품을 담아 이 지역 특산물과 삼겹살, 막걸리로 밤새 놀기도 시간이 부족하다.

여학생을 "가시나." 남학생을 "종내기."라 불러도 아무도 기분 나쁜 사람이 없다. 손주들이 2-3명은 있고 저마다 위치에서 자리를 잡은 사람들인데도 직업이나 학력 재산이 많든 적든 상관없이 어릴 적 순수 동심으로 가서 놀다가 헤어지는 것이다. 모임 장소는 사전 헤어지기 전에 대충 협의가 되고 전국의 구석구석 좋다는 곳을 회장단이 정한다.

살아온 것이 또 삶이 서로 달라서 빠지기도 하지만 완전 자리를 잡아 4월 셋째 주, 10월 넷째 주 금요일은 할아버지 할머니들이 소풍을 가는 날 이다. 올해로 15년이 되었는데 정착되기까지는 우여곡절도 많았지만 동창회도 서로 알아서 협치되어 시너지 효과가 더 많아지고 있다. 나이가 60대 중반인데 외박을 하고 남녀 합숙을 하면서 가시나, 종내기. 호칭하면서 어릴 적 이야기. 아이들 이야기. 이웃과 사회 이야기, 아픔과 슬픔을 모두 나누고 함께 웃고 함께 울기도 한다.

2년 전, 한 친구가 먼저 하늘로 가고 지금도 밴드에 사진과 이름을 보노라면 왠지 가슴이 찡하다. 경조사를 챙기고 아프면 전화라도 주고 성의도 표시하고 노후를 함께하는 친구가 있다는 것 멋진 인생 아닌가! 고사모 친구들, 사랑한데이!

아름다운 인연

한 동네 고추 친구들

도윤배, 김윤수, 김경환, 도홍성, 김영달, 도경배, 김종은, 윤춘수, 김태분, 이분선, 강기연, 도영자, 강순분, 김광수.

동기들

박규해, 이태호, 강동호, 이광현, 이기복, 강기연, 이만효, 김기옥, 박태현, 박손연, 이순이, 김경숙, 양경숙, 박기환, 김수택, 박순희, 이창섭, 예태연, 문금옥, 문정환, 이승조, 조용일, 김복선, 양분연, 박창열, 이재억, 최백이.

고사모 친구들

이동수, 김학우, 이재억, 박종수, 예태연, 박손연, 김기옥, 김경숙,

양경숙, 이규재, 이순이, 정봉채, 박규해, 김도연.

초,중학교

손재봉, 고태식, 윤종기, 오도일.

윤은한, 최상윤, 황태영.

고등학교

(재경동문 중)

최현수, 황원백, 도기환, 김동철, 김길환, 공두환, 김경동, 손태호, 조 춘, 권영안, 김진섭, 김동수, 정남옥, 나태엽, 이양수, 양병월, 김시곤, 황태암, 송기생, 강영기, 문순호, 유재영, 허욱한, 김동환, 염동현, 유경재, 김기돈, 김진현, 김천택, 문순호, 서재춘, 유경재, 유원청, 이현수, 윤장근, 김화수, 김안식, 김영주, 곽석우, 김응규, 김종관, 하석호, 송만식, 김시홍, 장재호, 조덕용, 김형주, 한석재, 박영구, 유기준, 윤봉상, 이철희, 이헌석, 김문주, 김동환. 권영기, 강호석, 곽교철, 권율, 김동운, 장효성, 김명수, 김성종, 이헌수, 윤영석, 지현민, 김연주, 한석재, 김도훈.

사탄

김준상과 패거리.

군대

김호관, 이종근, 정희일, 권순신, 정재민.

대학(징검다리 멤버) **1**

오태환, 이점열, 임성환, 김종은, 김윤곤.

대학 2

최상을, 유경선, 강명원, 한경모, 권영기, 권부근, 배홍철, 이문선, 최세창, 김봉호, 한상일, 조신호, 홍성인.

대학원(석사)

도유택, 전진환, 유기동, 김태욱, 최상을, 서재명, 정종기, 남기원, 손문승.

재경 친구들

김덕곤, 이강현, 김주배, 박손연, 박철홍, 이말순, 이율기, 문정숙, 이종명, 곽명희, 박형진, 정지석, 최득신, 정후석, 손원섭, 조강덕.

재경향우회

김봉란, 이종경, 김경호, 김종천, 이동영, 박명수, 박용출, 박동식, 이길동, 이종원, 이재희, 최윤희, 이승란, 최명희, 예광해, 이미랑, 이보원, 이승봉, 서영배, 박국현, 박성식, 박순구, 박순덕, 신용철, 양춘식, 김현수, 윤 탁, 윤갑석, 박병희, 김구열, 박성진, 이미경, 장선덕,

하태숙, 이승길, 정태돌, 김현상, 이종찬, 서병한, 장지봉, 정영석, 이재호, 박보환, 박길주, 박선영, 이만희, 김재현, 백칠열, 이진원, 서병한, 이칠수, 박진봉, 권기철, 김광열, 이승주, 민병규, 최대교, 박보선, 박동진, 박영희, 이창상, 한성기.

사회에서 소중한 인연

김기호, 유영호, 송재창, 한상훈, 이경선, 이대영, 박민규, 원영철, 배철규, 강준원, 강희수, 이승호, 백일성, 경준호, 정병길, 강수용, 김선권, 두영균, 고용석, 임상호, 김영범, 권태수, 우덕현, 한평식, 조혜숙, 조석구, 강승현, 최정규, 황준성, 문영배, 김경춘, 김관철, 김기성, 김덕순, 김동석, 김태권, 김성현, 김순식, 김영기, 김영수, 이영동, 양경식, 김영일, 김영진, 김영택, 김정수, 김종길, 김천주, 김철기, 김태식, 김태호, 김현선, 김형경, 김호영, 김희종, 남철규, 장엽용, 서상복, 유병국, 서성원, 이재경, 이재우, 허상철, 박정원, 김대환, 김영성, 정연재, 박기순, 도경구, 배용주, 오인권, 이은영, 이창형, 양동석, 최창열, 정진우, 안동환, 박상남, 김영진, 이완형, 김원수, 김재혁, 정찬무, 장영순, 나규식, 송은호, 서석기, 박용우, 주용필, 김근회, 송영률, 이형민, 최희락, 도구성, 김옥천, 김한수, 안영섭, 이상권, 김홍서, 김춘일, 김일상, 이민성, 하인주, 김 휜, 김희수, 강성호, 김근남, 유준기, 신용식, 안대현, 여태규, 이성희, 김선호, 허준섭, 박은우, 이창희, 김대성, 이대우, 김은상, 김귀성, 박경섭, 엄태욱, 김관일, 류동훈, 이상신, 권광오, 이재성, 박규재, 박수이, 박승준, 박원규, 박종호, 박천세,

설형식, 박홍찬, 방환성, 배식한, 배영호, 배주호, 최문기, 황철수, 인대한, 강용석, 양구일, 한규진, 인일근, 차주환, 안중기, 허성수, 황기선, 조동희, 김종석, 유동근, 서종만, 서한길, 김주혼, 김대용, 윤한영, 이선재, 이소형, 김영범, 송숙진, 김관우, 최재경, 심재열, 윤영대, 이희석, 안상훈, 서용수, 여운건, 염대섭, 오기택, 오덕근, 정연달, 장형규, 오세웅, 정종기, 김현철, 윤병무, 유귀근, 유영화, 윤강호, 윤희종, 윤장호, 김국기, 이경렬, 이경호, 이관문, 이광우, 이광현, 이금배, 이기상, 이문희, 이병우, 이삼택, 이상동, 이상열, 이상필, 이욱희, 이원용, 이윤석, 이중기, 이진호, 이창원, 이춘채, 이태수, 이호일, 장홍근, 윤성식, 이홍직, 채범석, 이효국, 정영명, 김영규, 임광택, 임우택, 임충렬, 장경엽, 장석호, 장철섭, 장춘도, 장홍근, 전경표, 고원영, 이호성, 정남용, 정덕명, 정동욱, 정연달, 정연웅, 정용식, 김윤준, 조기호, 조재한, 조창동, 이종호, 조항봉, 조형삼, 지영서, 김기봉, 백공명, 왕증현, 김송희, 정명자, 김범중, 허동풍, 이춘팔, 하우식, 최경팔, 최동호, 최백규, 최인열, 최재홍, 최창규, 최 철, 박태영, 조두희, 조태형, 최성일, 이석팔, 김욱환, 조항록, 강기영, 김윤배, 송홍균, 정다은, 강성구, 이은태, 서종환, 이주천, 허영우, 이경희, 양재근, 송석재, 홍성배, 홍준표, 홍차헌, 원기연, 차주현, 황선우, 황진영, 박정진, 임 순, 정효환, 하종성, 하태호, 김대우, 김대현, 김덕규, 김민기, 김상윤, 장영순, 정철, 김근회, 류하민, 박정진.

그 외 친구들의 부인과 애들, 동네분들, 교회 성도님들과 목사님, 책 쓰기 작가 동기분들.

소중한 친구들

소중한 인연과 청도반시

　10월이면 나의 고향 청도에는 봄부터 잎을 터서 꽃을 피우고 시퍼렇게 감을 맺기 시작해서 농부들의 사랑과 보살핌으로 혹은 스스로 여름의 태풍과 더위를 이기고 끝까지 완주한 감들만이 전시장의 모델로 나온다. 지금껏 품고 있던 씨앗을 하나씩 내뱉으며 알몸으로 섹시함과 분홍 칼라색의 짙은 립스틱을 입술에 바르고, 반은 근육질을 앞세워 뭇 남성과 여성들에게 자태를 부리며 유혹의 손길과 자기를 택해달라는, 그래서 같이 함께하고 싶다고 교태를 부린다.
　10월에는 결혼을 해야 하는 이 반시감은 이곳에서만 존재하는 독특하고 매력이 있으며 미적인 아름다움과 맛까지 속을 감싸는 부드럽고 편안하게 해서 현지는 물론 타지의 총각 처녀를 넘어 남녀노소 누구나 묻지도 따지지도 않고 배필로 며느리로, 사위로 모시고 간다. 내 고향 청도에는 집집마다 감나무로 둘러싸여 있고, 거리마다 가로수로도 즐비하다.

　어릴 적엔 가끔씩 동네로 오는 엿장수의 가위소리가 들리고 얼마 후 부모님 몰래 눈높이의 감을 따서 울릉도 호박엿하고 바꿔 먹기도 했지만, 농민들에게는 더없이 푸르름의 환경과 주 수입원 노릇까지 하며 자식들 교육비 충당에 상당한 비중을 차지했다. 하지만 이제는 사람들이 떠나고 노인분들만이 남아 감을 딸 사람은 없고 들녘과 뒷산 넘어 감들만이 빨갛게 애태우며 서 있다.

　한 뼘이라도 땅을 더 차지해서 나무를 심고 살림에 보태려고 바둥대던 시절의 사람들은 사라지고 밭과 논은 그대로인데 황량해져 가는 고향을 보게 되어 아쉬움을 더한다. 고향은 우리 삶에 있어 뿌리 역할을 하는 곳이고 거기서 사회적 관계를 배우고 자연과 함께하는 법을 배운다. 그때 학습한 것들을 내면에 간직한 채 우리는 평생을 살아간다. 한 사람의 정체성이 형성되는 데 가장 큰 영향을 미치는 요인이 고향이라고 본다. 그래서 나는 아주 평범하게 살면서도 "푸나무 장학금"을 생각했고 고향 초등학교를 선택하여 20여 년 동안 남몰래 실천하고 있는 것이다.

　사회에 나와 여러 인연들을 맺고 그 덕분에 잘 살고 있는 나는 어느 날 형님과 고향을 돕고 나도 소중한 인연을 감사하며, 또 지속하는 데 작은 마음을 보태자는 생각에 주소를 묻고 물어서 "뇌물이 아니지 않느냐, 시골에 사는 형님이나 고향분들에게 도움 주고파 하는 것."이라고 설득하여 청도반시를 보내기 시작한 지가 20년을 넘고 있다. 처음엔 이상하게 여기던 분들도 이런 마음을 알았는지 선뜻 주소도 주고 감성을 주고받음이 인연을 이어가는 데 큰 역할을 해주고 있다. 매년 200박스 이상을 보내는데 친구들도 있고 회사직원들도 있으며, 나에게 여러모로 도움을 준 분들도 많다.

퇴직 후 이제 그만 보내라는 미안하다는 분의 전화도 있으나 나는 이것이 그분들에게 조금이나마 나와의 인연이 그저 스쳐 가는 짧은 만남 '이벤트성'이 아니었기에 꾸준히 계속 보내고 있다. 그만한 여유도 있기에 이 모든 것이 그분들의 인연과 협조에 가능한 것이 아니었을까! 한 10년간은 형님 댁 혹은 이웃 친구에 의존했으나 선물로 주기에는 수량과 시간이 맞지 않아 향우회 일을 하면서 알고 지내는 분께 특별히 주문을 하고 있다. 많을 때는 400박스에서 최소로는 200박스를 매년 보낼 수 있어서 이것으로 인해 받는 나의 행복은 받는 분들보다도 더 크고 기쁘다.

올해도 10월 17일 반시감 받을 분 명단을 펼쳐보면서 입가에 미소가 흐른다. 인연이고 사랑이다.

청도 반시감

그대 태어남의 숭고함

7월의 한가운데 서서
캠퍼스 안에서 수업을 트레이닝하고

구릿빛 반짝반짝 빛나는
햇살이 내리쬐는 대지는

검은 구름 세찬 바람
비를 품는다

직선의 시간 희귀의 시간들
지금 이 순간이야말로
가장 꽃피어 있는

시간이라는 찬사를 보내며

하얀 하늘이 토닥거린다
너는 너로서 태어나
태어남의 신비와 숭고함에 머물다

당신이 나이거나 혹은 나의 에센스(Essence)이거나

EPILOGUE

Part One

시작이 반이라고 했던가. 4월 중순에서 어느덧 9월 중순으로 글을 쓴다는 게 이렇게 어려울 거라는 생각을 못 했다. 평소에 독서량이 부족했음을, 꼼꼼하게 읽지 않았음을, 반성하면서 그래도 딴에는 제법 독서도 하고 글도 쓴다고 내심 자신감이 조금이라도 없었던 건 아니었는데 책 한 권을 내겠다는 건 욕심이었다.

9명의 멤버 중에 5명이 수료 후에도 빈 강의실과 카페로 가서 토론도 하고 지도교수의 도움도 받으며 여기까지 왔다는 게 다행이었고 연말 목표로 반환점을 지나 마의 90%대에 온 것 같다. 사람 마음이 이렇게 간사하다. 처음엔 충분히 할 수 있겠다 싶어서 향후 두 번째 책을 생각하곤 했는데, 언제쯤인가 포기냐 계속하느냐로 고민할 줄은 생각도 못 했다.

50년 만에 찾아온 여름 폭염까지 가세하면서 잠깐 기세가 꺾였지만 다시 일어서 본다. 처음 시작할 때 단 1명만 봐줘도 좋겠다고 했는데, 나의 글이 라면을 끓여 먹다 남은 국물에서 마지막 한 젓가락의 라면 건더기처럼 누군가에게 기쁨을 주고 마음을 움직여서 푸나무처럼 함께하는 삶이 아름다움이었다고 자신을 돌아보는 것이라면 나의 목적은 이룬 것이다.

비 오는 수요일, 오늘도 밤늦게까지 노트북을 열어서 작가인 양 글을 쓰고 있다. 처서도 지났고 곧 추석인데, 옛말에 절기는 이길 수가 없다고 오는 가을과 가는 여름이 자리바꿈을 할 것이다. 잠자리가 하늘에서 사라지고 매미 소리도 듣지 못할 것이다.

지구의 푸나무들은 몰라보게 자라서 한 묶음으로 폼을 잡는 걸 보면 여름에서 가을로 건너가는 시간은 마음이 커지고 너그러워지기가 더한다. 이 한 권의 책이 지금껏 살아온 내 인생을 압축한 삶이기도 하다. 열심히 공부하지 않은 죗값은 출발 선상에서의 뒤처짐이었고, 고교 시절 상처받은 흔적을 지우기까지는 긴 시간이 필요했다. 사회생활은 그리 호락호락하지 않다는 옛 어른들의 말씀을 몸소 체험함으로써 얻기까지 얼마나 힘들었는가.

작년에 회사매출이 100억대가 될 때 기쁨은 잠시 고통도 함께 따라와서 인생사 새옹지마란 말이 실감 난다. 그 힘듦으로 몇 번의 숨 막히는 순간을 지나 제법 사회에서 자리 잡으려니 내 육신이 병들어 아파하는 것을 알았다. 나에게 미안해서 다듬고 어루만지며 상처를 치료하며 자연을 벗하고 살기 시작하니 어느새 60대 중반이 되었다.

돌이켜 보니 그래도 사회와 더불어 살려고 부단히 노력했고 회사에서 외국인들과 어울려서 생활하며 국내인과 똑같이 차별 없는 회사, 어떤 일이 있어도 월급을 한 번도 늦게 주지 않는 회사로 철칙을 지켰다. 함바집 식당에서 식사 중에 TV를 보다가 굶주린 세계의 어린이 돕기 광고에 바다가 오염되어 돌고래가 죽어가는 광고를 보면서 그린피스에 선뜻 전화기로 손이 가는, 이런저런 이유로 6구좌를 꾸준히 낼 수 있었음에 감사하고, 백수에서 취업 후 《샘터》란 책에서 맺어준 결손 아이와의 인연에서 지금까지 시골 초등학교의 푸나무 장학금을 35년간 지속해 온 나의 행동이 하나님의 지시에

순응한 것이고, 행동할 수 있었음에 감사드린다. 내 경험이 세계에 대한 비범한 통찰력과 새로운 발견은 없을지라도 나름 평범한 인생이면서도 함께하려고 노력했고 더불어 살려고 작은 실천을 한 것이 아름답지 않은가!

삶이 척박해서 지칠 때도 오뚜기처럼 일어서서 햇살처럼, 꽃보라처럼, 기도처럼 꽃피는 나의 가슴에 고마움을 전한다. 글을 쓰기 위해 자료수집을 하면서 애지중지하는 자기 사진집을 선뜻 보내준 종은, 규해에게 고맙고, 아내가 전해준 70여 통의 군사우편과 최근까지의 월급봉투가 비닐 속에 꼼꼼히 보관된 것을 꺼내어 읽어보면서 연애 시절의 마음은 어디로 가고 불평불만이 많은 내가 되었는지, 다정하고 살뜰하며 귀엽고 이쁜 아가씨는 바가지 긁는 아내로 변해서 묵묵히 자리를 지키고 있다.

큰아이가 둘째 채이를 탄생하게 한 것도 이 시기 하나님의 큰 선물이었고, 믿음을 모르고 살아온 내가 65세가 되어서 스스로 교회를 찾아간 지도 10주 차가 되었는데《푸나무 이야기》를 쓰면서였다. 35도를 웃도는 태양의 작열함에도 한 주도 안 빠지고 교회에 갔는데 목사님의 말씀과 나의 소감을 블로그 "푸나무"에 적어보는 것도 재미가 쏠쏠하다.

마감을 하면서 생애 첫 번째 글모음이라 내용도 정리가 매끄럽지 못하고 단어의 선택도 많이 서툴지만 프롤로그에서 말했듯이 나름 재미를 주려고 중간중간 에세이랑 시도, 때론 옮긴 내용도 있으며 순서를 오락가락한 것은 혹시라도 지루하지 않게 하려는 나의 계획임을 이해해 주기 바란다.

여러분도 저처럼 자기 역사를 모토로 이야기를 써보기를 권하면서 만약 이 책을 구입해서 읽는 분이라면 저도 기꺼이 구입해서 친구가 될 것을 약속드린다. 왜냐면 누구나가 자기 삶의 역사를 기록해 보면 대단하고 때론 부끄럽기도 하지만 자랑스러운 일이 더 많을 것이다.

인생 별것 없다고들 하지만 인생은 아름답고 소중하기에 우리 서로 자기 역사를 이야기하는 존재의 이웃이었으면 한다. 나는 이 책을 퇴고하는 도중에 갑자기 찾아온 "뇌하수체종양선종" 병마로 인해 9월 말경 병원에서 뇌수술을 받게 된다. 불안하지만 간절히 기도한다. 무사히 마치고 나와서 연말에는《푸나무 이야기》를 인쇄물로 볼 수 있었으면. 꼭 그렇게 될 거라고 믿는다.

내가 아는 모든 분과 이 책을 보는 분들의 앞날에 축복이 함께하기를 바란다.

Part Two

머리를 열고 7일 만에 닫은 해괴한 경험

*뇌수술 후 블로그에서 옮겨 오다.

5일 차에 퇴원하라는 전달이 있었으나 저녁마다 찾아온 짧은 악몽으로 두통과 콧속의 피로 인해 못 먹는 것과 허기짐보다 구역질로 인한 통증까지 동반되어 하루를 연기해서 가기로 하고 진통제와 주사약으로 버티는 게 옳다고 봤다.

전날 밤에 6개째의 사각함이 열려서 싸우다 비웠는데 일곱 번째는 열렸는데 그 안에 아기 새와 꽃들이 있어 가볍게 덮고 고통도 적었던 것 같았다.

새벽 4시경에 눈을 떠서 이불속으로 극동방송을 틀었다. 목사님의 설교와 찬송가가 기분을 가라앉히고 머리가 가벼워짐을 알았다. 생각을 그렇게 해서 그렇더라도 이 기분은 뭔가. 옆에 환자가 자리를 비워 "CBS4U"도 있음을 찾아내어 들었는데 더 부드러운 찬송가가 몸속을 파고들며 쉽게 단잠을 편하게 잤다. 아내에게 말했더니 "다행이네, 헐⋯."

퇴원 후 이틀간은 병원의 밤처럼 단잠을 자고 그때마다 고통과 불안 악귀들의 날개와 굉음, 울부짖음, 공포 속을 빠져나가려는 내가 소리치면 꿈은 멈춘다.

아직 2-3개의 함을 비워야 하는데, 내가 살 수 있다는 생각에 싸워 이기기 위해 밥을 억지로라도 더 먹었다. 가까이 있는 막내 사위가 정성으로 먹을거리를 갖다주고 가서 성의를 봐서라도 이것저것 그리고 떡과 연시도 먹었다. 그리고 집이라 극동방송을 틀고 볼륨을 높이고, 아내에게도 방을 각자 쓰기로 하고 낮에도 밤에도 찬송가가 나를 안정시키며 기운을 돋구고 있음을 몸소 깨닫는다. 화요일에 병원 가기 전에 오늘 내일이 고비다.

또 꿈을 꾼다.

내 몸에 달라붙은 핏덩이가 징그러웠고 가물가물 잡히지 않는 어떤 것들이 휘젓고 숨을 쉬지도 못할 만큼 지칠 때쯤 아홉 번째 함이 닫히고 이제 다

됐다는 어떤 외침이 열 번째 함의 마지막을 알려줬다.

번쩍 눈을 뜨고 다시 침대에 걸터앉아 물을 마시고 콧속에 연고와 식염수를 뿌리는데 뻥 뚫리기 시작하는 게 아닌가.

이불 속에서는 찬송가가 아름답게 흘러나오고 있었다. 됐다, 이젠 10개의 함이 다 닫히고 1개의 새삭꿈통 외는 다 비워 있기 때문에 나는 살게 되고 어떻게 살 것인가만 생각하고 실천하면 된다.

아침이 되자 기분도 상쾌해지고 식사 후 아내의 도움으로 아파트 주변 상동 시민의 강과 정원을 산책하며 햇볕을 쬐며 감사하다는 말이 절로 나온다. 정말이지 머리 수술은 고통스럽고 참기가 힘들었다. 지금도 목 속에 뭔가 걸려 있지만 악몽을 안 꾸고 잘 수 있음이 이렇게 행복한 건지 깨닫는다.

10개의 함이 왜 있었는지 1개 외는 사탄과 괴물들의 집이었단 말인가! 그것을 쫓아내는 데 걸린 7일간의 시간은 영원히 떠오르지 말았으면 한다. 그것을 쫓아내는 데 역할을 한 라디오 방송의 목사님 말씀과 복음, 찬송가를 내가 멀리한다면 또 그놈들이 들어올지 모른다고 생각하니 하나님을 믿고 하나님이 시키는 대로 살아야 될 것 같다.

초신자이고 성경과 믿음에 대해 아무것도 모르지만 하나님은 분명 계시며 내 곁에 여러분 곁에서 함께한다는 걸 부정하면 안 될 것 같다. 이 말을 아내에게 하니 너무 빠진다고 걱정하는데 우리 아내를 먼저 하나님 편에 있게끔 잡아주세요. 나는 아직 아내를 설득할 자신이 없거든요.

고집이 세고 새로운 것을 받으려고 하지 않는 아내를 위해 하나님 도와주세요. 아멘.

며칠 뒤 용인에서 목회 활동 중인 절친 친구 김 목사가 어찌 알았는지 소식을 듣고 전화가 와서 나를 위해 기도한다며 위로를 해줬다.

삼척에서는 손윗동서인 장 목사님이, 서해 선재도에서는 내가 다니는 선재교회 김 목사님과 성도들이 나를 위해 기도해 주심에 10개의 마귀 사탄 함을 비울 수 있었다고 굳게 믿는다. 동쪽, 서쪽, 남쪽 세 분의 목사님께 감사드리며, 결국은 하나님이 함께하는 삶이 답이다.

블로그를 보신 이웃분들의 염려에 감사드린다.

푸나무
이야기

초판 1쇄 발행　2025. 3. 13.
　2쇄 발행　2025. 4. 1.

지은이　도창교
펴낸이　김병호
펴낸곳　주식회사 바른북스

삽화　도창교
기획　나도작가북스
주소　경기도 안산시 단원구 고잔로120 세주빌딩 401호
대표전화　031-507-0033 | **팩스**　031-362-5913

편집진행　황금주
디자인　김효나

등록　2019년 4월 3일 제2019-000040호
주소　서울시 성동구 연무장5길 9-16, 301호 (성수동2가, 블루스톤타워)
대표전화　070-7857-9719 | **경영지원**　02-3409-9719 | **팩스**　070-7610-9820

•바른북스는 여러분의 다양한 아이디어와 원고 투고를 설레는 마음으로 기다리고 있습니다.
이메일　barunbooks21@naver.com | **원고투고**　barunbooks21@naver.com
홈페이지　www.barunbooks.com | **공식 블로그**　blog.naver.com/barunbooks7
공식 포스트　post.naver.com/barunbooks7 | **페이스북**　facebook.com/barunbooks7

ⓒ 도창교, 2025
ISBN 979-11-7263-991-4 03810

•파본이나 잘못된 책은 구입하신 곳에서 교환해드립니다.
•이 책은 저작권법에 따라 보호를 받는 저작물이므로 무단전재 및 복제를 금지하며,
이 책 내용의 전부 및 일부를 이용하려면 반드시 저작권자와 도서출판 바른북스의 서면동의를 받아야 합니다.